Pe. JOSÉ LUÍS QUEIMADO

E O VERBO SE FEZ HOMEM

Entender a humanidade de Jesus
para sermos humanos em plenitude

EDITORA
SANTUÁRIO

Dados Internacionais de Catalogação na Publicação (CIP) de acordo com ISBD

Q3v Queimado, José Luís

E o verbo se fez homem: entender a humanidade de Jesus para sermos humanos em plenitude / José Luís Queimado. - Aparecida : Editora Santuário, 2023.
120 p. ; 16cm x 23cm.

Inclui bibliografia e índice.
ISBN: 978-65-5527-265-9

1. Religião. 2. Cristianismo. 3. Jesus. 4. Humanidade de Jesus. I. Título.

2022-3392 CDD 240
CDU 24

Elaborado por Vagner Rodolfo da Silva - CRB-8/9410

Índice para catálogo sistemático:
1. Religião : Cristianismo 240
2. Religião : Cristianismo 24

1ª impressão

Rua Pe. Claro Monteiro, 342 – 12570-000 – Aparecida-SP
Tel.: 12 3104-2000 – Televendas: 0800 - 0 16 00 04
www.editorasantuario.com.br
vendas@editorasantuario.com.br

INTRODUÇÃO

"Tende em vós os mesmos sentimentos de Cristo Jesus: que,
mesmo sendo de condição divina, não se apegou ao ser igual a Deus.
Ao contrário, aniquilou-se a si mesmo e assumiu a condição de servo,
tornando-se semelhante aos homens. Por seu aspecto, reconhecido como homem,
humilhou-se, fazendo-se obediente até a morte, e morte de cruz"
(Fl 2,5-8).

Este é o início do chamado Hino Cristológico, que se encontra na carta escrita pelo Apóstolo Paulo a sua querida comunidade de Filipos, na Macedônia. Nessas breves palavras, encontramos a definição mais preciosa do mistério da Encarnação. Jesus possui sim a natureza divina, a forma de Deus, *morphé* (μορφῆ), isso quer dizer que nele é manifestada a condição profunda do divino. Por ser dessa condição, ao se encarnar, ele se rebaixa, esvazia-se totalmente, prescindindo da glória do ser divino, para assumir a tibieza da natureza humana. Mesmo sendo verdadeiramente humano, ele não perde sua dimensão divina.

Depois de tantos anos de discussão e, até mesmo, de guerras internas sangrentas a respeito da correta fraseologia a ser usada para determinar quem foi realmente Jesus Cristo, podemos declarar com segurança que o Filho Eterno assumiu verdadeiramente o que é próprio do ser humano, sem anular sua divindade.

Para clarificar esse assunto, em 451, o Imperador Marciano, cristão ortodoxo muito influenciado por sua esposa imperatriz, Pulcheria, preocupado com a divisão que o movimento monofisista de Êutiques gerava em toda a Igreja, convocou mais de 500 bispos de todo o mundo cristão conhecido para debaterem e anularem as resoluções do chamado II Concílio de Éfeso, realizado em nível regional em 449, sob direcionamento do monofisista Dióscoro, Patriarca de Alexandria no Egito. A pequena cidade chamada Calcedônia, que não ficava longe da proeminente Constantinopla, assistiu atônita ao desfile de bispos vindos de todas as partes do Império Oriental, inclusive houve a participação de uma pequena representatividade da fragilizada e decadente Roma, antiga capital poderosa de todo o Império. O papa Leão Magno enviou uma delegação de dois bispos e dois padres, juntamente com seu famoso *Tomo*, obra na qual combatia as ideias dos monofisistas (que afirmavam Jesus ter uma só natureza, a divina). O documento do Papa assegurava que Jesus possuía duas naturezas, humana e divina. Tal escrito oficial já havia sido levado ao concílio de 449, mas nunca foi lido, o que incentivou Leão Magno a cognominá-lo "Latrocinium" (Concílio de ladrões). O ato final das resoluções do Concílio de Calcedônia deixou bem explícito o significado da Encarnação no que se refere às naturezas divina e humana unidas em Jesus Cristo, conforme lemos abaixo:

"Seguindo, pois, os santos Padres, com unanimidade ensinamos que se confesse que um só e o mesmo Filho, o Senhor nosso Jesus Cristo, perfeito em sua divindade e perfeito em sua humanidade, verdadeiro Deus e verdadeiro homem de alma racional e de corpo, consubstancial ao Pai segundo a divindade e consubstancial a nós segundo a humanidade, semelhante em tudo a nós, menos no pecado [cf. Hb 4,15], *gerado do Pai antes dos séculos segundo a divindade e, nestes últimos dias, em prol de nós e de nossa salvação, de Maria, a virgem, a Deípara, segundo a humanidade; um só e o mesmo Cristo, Filho, Senhor, unigênito, reconhecido em duas naturezas,* ***sem confusão, sem mudança, sem divisão, sem separação, não sendo de modo algum anulada a diferença das naturezas por causa de sua união,*** *mas, pelo contrário, salvaguardada a propriedade de cada uma das naturezas e concorrendo em uma só pessoa e em uma só hipóstase; não dividido ou separado em duas pessoas, mas um único e o mesmo Filho, unigênito, Deus Verbo, o Senhor Jesus Cristo, como anteriormente nos ensinaram a respeito dele os Profetas, e também o mesmo Jesus Cristo, e como nos transmitiu o Símbolo dos Padres"* (Denzinger, Symbolum Chalcedonense, n. 301 e 302, p. 168).

Essa definição trouxe séculos de separações, violência, ódio e anátemas entre os cristãos em todo o mundo. Alguns nunca aceitaram essa verdade proclamada e se afastaram da Igreja fundando suas próprias seitas, e muitas delas com grande sucesso, tais como o Maniqueísmo e o Nestorianismo. Feridas profundas causadas por entendimentos distintos de termos provindos de diferentes idiomas, especialmente entre o grego e o latim.

Hoje, depois de esses debates teológicos terem causado rios de sangue devido à dissidência entre os próprios cristãos, podemos professar com tranquilidade essa verdade de fé. Jesus é totalmente Deus e totalmente homem, uma pessoa divina possuindo duas naturezas unidas em perfeição, sem uma anular a outra. Por isso o objetivo deste livro é oferecer pistas para uma compreensão mais profunda sobre a humanidade de Jesus. Mais uma vez, nota-se que uma das naturezas de Jesus está sendo desprezada por grande número de cristãos. Por grande rejeição e, até mesmo, ojeriza a tudo o que diz respeito à carne, a condição humana de Jesus está sendo sistematicamente rebaixada a um segundo plano. Percebe-se que os discursos de grupos diversos maquiam a humanidade que ele assumiu, reduzindo-a a um mero "parecer". Outra vez mais, as heresias do passado retornam para nos assombrar, pois não é nada novo na História da Igreja o fato de tentarem transformar Jesus em um super-herói, que sabia de tudo, que não tinha medo de nada, que vivia sempre mal-humorado ou sisudo, que usava seu corpo somente para as realidades celestes etc.

Esses grupos de cristãos não deixam de afirmar que Jesus era homem, no discurso oficial. No entanto, quando começam a falar de tal humanidade, logo se percebe não se tratar de maneira nenhuma do sentido verdadeiro do termo. Para esses novos pensamentos com veio herético, Jesus, mesmo sendo homem, nunca assumiu verdadeiramente nossa natureza humana. Não poderia ter chorado, pois Deus não chora; não poderia ter sido tentado, porque sua divindade jamais se sujeitaria a tal opróbrio; não poderia ter ficado com raiva, pois o ser divino perfeito não possuía paixões. Esse homem, que nada se assemelha a Jesus de Nazaré, mas sim aos super-heróis dos quadrinhos, não pode ser o mesmo professado pelos Padres da Igreja e pelos Concílios Ecumênicos.

Queremos, pois, aprofundar a reflexão sobre o que realmente significa ser humano. Partindo das Sagradas Escrituras e da Tradição como bases seguras para nossas demonstrações, redescobriremos a beleza da dignidade de nossa natureza humana, pois até mesmo o Filho de Deus, gerado antes de todos os séculos, assume, de Maria, essa natureza, por obra do Espírito Santo. Se ele passou, de modo semelhante, pelas mesmas provações que nós, exceto a do pecado (cf. Hb 4,15), isso significa que podemos tranquilamente viver o que ele viveu, sem medo de estarmos na desgraça. E não nos esqueçamos por que Deus se encarnou: "*... em prol de nós e de nossa salvação*", conforme líamos no texto final do Concílio de Calcedônia. Ele veio para nos ensinar a viver como verdadeiros seres humanos, ao inaugurar o Reino de Deus, e nos oferecer uma morada eterna na Casa do Pai (cf. Jo 14,2).

A demonização de tudo o que diz respeito ao corpo ou aos sentimentos humanos causa grandes danos na concretização do Reino de Deus. O Neoplatonismo, o Docetismo e o Gnosticismo infiltram-se mais uma vez em nossa Igreja e em tantas outras igrejas cristãs, tornando grande o número de seguidores de Cristo rigoristas de primeira linha. Essas heresias formam exércitos de juízes implacáveis, que odeiam o próprio corpo e os corpos a seu redor, destruindo a beleza e a dignidade da condição humana. O batalhão que vive nas nuvens abomina tudo o que se relaciona às coisas da terra, ainda que não haja nada de errado ou corrompido nos deleites e nas alegrias deixadas pelo próprio Deus para o usufruto de sua criação.

Que possamos mergulhar nesta leitura introdutória, despertando nosso interesse sobre a Pessoa de Jesus e a História de nossa Igreja. O conhecimento emancipa-nos de todas as ideias heréticas e daninhas para nossa vivência do Reino de paz e amor, inaugurado por Jesus Cristo, o Reino de Deus. Ajudemos a libertar, principalmente, os corpos escravizados pelas ideias destrutivas de um farisaísmo pós-moderno. Esses homens habitantes do éter, muitas vezes, refugiam-se por medo de fazer as pazes com seus próprios corpos, tornando-se seres enrijecidos, amargurados e violentos, e corrompendo a própria alma. Para aniquilar tudo aquilo que é próprio da condição humana, são capazes de destruir até mesmo a verdadeira humanidade de Jesus.

JESUS CHORA

I

"Aquele que enriquece os outros torna-se pobre. Jesus aceitou a pobreza de minha condição humana para que eu pudesse receber os tesouros de sua divindade" (Gregório de Nazianzo).

1. Sofrer com os que sofrem

Nossa cultura tradicional foi, infelizmente, influenciada por ideias totalmente errôneas em que se afirma ser pecado ou uma má atitude o fato de chorarmos diante da morte de alguém que amamos. Nessa visão, não seria certo exteriorizar um pranto dolorido diante do ente querido já sem vida no caixão, porque estaríamos ofendendo a Deus ou impedindo que aquela pessoa partisse. A dor aumenta ainda mais por não podermos sequer expressar os sentimentos puramente humanos da saudade e da aflição da despedida.

Exige-se ainda mais de um sacerdote católico, pois seria inimaginável vê-lo chorando no funeral de seu pai ou de sua mãe, pois, nessa concepção, padres deveriam ser de ferro e ter mais confiança na ressurreição. Esperar plenamente em Deus e nas promessas de Jesus Cristo que teremos um lugarzinho na eternidade não nos transforma em seres completamente apáticos ao que acontece à nossa volta. A palavra "compaixão" tem suas raízes na língua grega, passando pelo latim; ela provém de sofrimento, dor (*passio*, πάθος) – o que quer dizer: sofrer junto, sentir a dor do outro. Quando não somos capazes de nos colocar no lugar do outro, transformamo-nos em seres apáticos, sem compaixão. Veremos adiante as implicações desse termo com mais detalhes.

Jesus entendeu com profundidade a importância de se colocar no lugar daquele que sofre e sentir com ele as misérias da alma. Quando, por exemplo, ele fica a par da notícia de que seu amigo Lázaro havia falecido, vai ao encontro das irmãs do finado, com quem nutria também uma belíssima amizade. Quando Marta vê o Mestre, ela vai até ele. Ali se inicia um diálogo teológico profundo. Marta quer encontrar algum consolo para sua alma, está feliz com a presença do amigo, mas também está confusa e perdida sentimentalmente. Ela acaba procurando culpados por seu sofrimento: *"Senhor, se estivesses aqui, meu irmão não teria morrido"* (Jo 11,21). Deus entende muito bem que os seres humanos querem sempre responsabilizar alguém para amenizar suas dores; de vez em quando, nós mesmos tentamos encontrar uma parte nossa de culpa pela morte de alguém que amávamos. Brigamos com Deus, com os outros e com nós mesmos. Sentimo-nos responsáveis pela morte de quem amamos, porque somos impotentes para impedi-la.

Jesus acalma o coração de Marta. Sabe usar as palavras corretas. Um ser humano esplêndido é aquele que consegue entender a dor do outro porque também a sente em seu âmago. *"Teu irmão ressuscitará!"* (Jo 11,23), assegura o Mestre. Assim como nós, seres humanos que assumiram realmente a própria humanidade, encontramos conforto nos ombros amigos nos momentos de intempéries de nossa vida. Marta deixa Jesus no lugar onde estava, fora do vilarejo, e corre anunciar a boa notícia a sua irmã Maria, que está caída aos prantos em um desconsolo total. Os amigos tentam amenizar sua dor, oferecendo suas palavras e seus afetos. No entanto bastou somente uma palavra de sua irmã, dizendo que o Mestre havia chegado, para que Maria corresse ao encontro dele.

Maria repete ao Senhor a mesma frase de sua irmã Marta. *"Se estivesses estado aqui, meu irmão não teria morrido"* (Jo 11,32). A partir desse encontro com Maria e com todos os amigos entristecidos, o evangelista descreve com riqueza de detalhes os sentimentos de todos os envolvidos. No versículo 33, ao ver Maria e todos os judeus chorando e lamentado com ela *klaíontas* (κλαίοντας), ele fica profundamente comovido, suspirando de desgosto *enebriméssato* (ἐνεβριμήσατο). As palavras em grego são diferentes, pois a primeira mostra o pranto e as lágrimas na face daquelas pessoas, enquanto a segunda apresenta o interior conturbado de Jesus, que se exteriorizava nas feições de seu rosto, dando-lhe um aspecto entristecido, perceptível aos olhos das testemunhas que levaram adiante o episódio pela tradição oral até chegar aos ouvidos do redator do Evangelho.

No pequeno e expressivo versículo 35, a afirmação é conclusiva: *"E Jesus chorou"* (Ἐδάκρυσεν ὁ Ἰησοῦς). Essa frase simples e concisa contém em si um significado gigantesco para a humanidade. É ele nosso Mestre e a quem nos entregamos com toda a confiança nesta vida. Ele nos ensina que não há nada de contrário à natureza humana no choro sincero e pungente por alguém que nos é caro. Chorar lava a alma e a purifica; fortifica nosso entendimento sobre a humanidade.

E a narrativa continua. No versículo 38, depois de alguns terem feito certos comentários a respeito de Jesus não ter conseguido preservar seu amigo da morte, seus sentimentos foram descritos pela mesma palavra grega acima em uma outra forma gramatical *embrimómenos* (ἐμβριμώμενος), que significa exatamente o gemido sofrido no interior da alma, aquele aperto forte no coração, que nos sufoca. Ele sente essa dor do choro e vai até o sepulcro para chamar seu amigo à vida. Os amigos que suportam conosco nossas próprias dores sempre nos trazem esperança.

Não há nenhuma dúvida de que Jesus tinha plena confiança no Pai. Ele sabia que seria sempre ouvido, pois dedicava muito tempo ao diálogo com Deus. Mesmo assim, ele não agia como super-homem; não fazia movimentos e discursos espalhafatosos e espetaculares. Chorava, gemia interiormente, sofria com a dor de seus amigos e, até mesmo, dos desconhecidos, comovia-se e deixava-se tocar pela beleza da humanidade, que é totalmente capaz de ser solidária. Por que então não poderíamos chorar por nossos mortos? Será que Deus se ofendeu pelo fato de seu único Filho amado ter chorado e se comovido com a tristeza da despedida? Já fazia quatro dias que o morto estava enterrado; todas as esperanças haviam se esvaído. *"Ele já cheira mal"* (Jo 11,39), avisava Marta muito preocupada. A desesperança toma conta do coração humano diante da morte de nossos amados, mesmo que Jesus esteja presente chorando conosco.

Portanto, lembrando que ele é nosso parâmetro para viver a humanidade em plenitude e com muito proveito para o Reino de Deus, se ele nunca pecou, e chorou, logo, chorar não é pecado. Não podemos tentar justificar dizendo que existem diversos tipos de choros, e alguns deles são pecaminosos. Totalmente errôneo. Não há regras para o choro; chora-se da maneira que cada alma julgar ser mais conveniente para aquele exato momento.

2. O choro da decepção

Vimos que Jesus não hesitava em demonstrar seu amor por aqueles que estimava. *"Vejam, como ele o amava!"* ("Ιδε πῶς ἐφίλει αὐτόν), admiraram os judeus presentes no episódio de Lázaro. Uma frase tão melódica em grego que o evangelista João conseguiu nos transmitir. O amor de Jesus causava assombro no povo, pois, quando se ama sem interesses escusos, o fascínio arrebata a todos que o contemplam. O verbo *efílei* (ἐφίλει) revela essa afeição profunda de Jesus pelo amigo falecido. Traz a ideia também de toque, de proximidade, de profunda conexão de duas almas. Sim, ele amava aquele homem amigo que morreu tão de repente.

As causas da morte de Lázaro não são totalmente claras. Somente João nos relata esse acontecimento, dizendo que Jesus recebeu notícias de Marta e Maria de que o irmão delas estava doente. O Mestre parece entender que seria necessário voltar a Judeia para enfrentar esse ambiente onde a morte se assenhorava de tudo. Há pouco, ele quase havia sido apedrejado em Jerusalém por ter dito que ele e o Pai eram um, afirmando ser o Filho de Deus. No momento em que recebeu a notícia das irmãs de Lázaro, ele e seus discípulos estavam no local onde João costumava batizar, um lugar chamado Betânia além do Jordão, que possivelmente se situava na região da Pereia, a pouca distância do Mar Morto, onde hoje Israel faz fronteira com o país da Jordânia.

Os discípulos estavam claramente receosos de retornar às cercanias de Jerusalém, e isso pode ser observado com mais clareza na exclamação de Tomé, o Dídimo: *"Vamos também nós para morrer com ele!"* (Jo 11,16b). O clima era realmente de ameaça de morte para todos os lados, mas Jesus precisava voltar a Betânia porque desejava manifestar a glória de Deus. A revitalização de Lázaro também é um convite mistagógico para que mergulhemos no mistério da vida resgatada das profundezas do abismo da desesperança e da morte pela voz de Jesus. Ele chama a Lázaro e a todos nós que estamos envoltos pelas garras da morte: *"Vem para fora!"* (Jo 11,43b). O que estava morto começa a andar e sai do túmulo, e é desenvolto de suas faixas. O evangelista não nos conta esse detalhe, mas é bem possível que Jesus tenha abraçado aquele amigo a quem tanto amava e por quem havia chorado, um pouco antes no relato.

Lázaro voltou à vida; as irmãs se alegraram e agradeceram ao Mestre e a Deus; a população pasmou diante daqueles belíssimos sinais dos céus. Mas a decepção também arrancou lágrimas dos olhos de Jesus. No capítulo seguinte ao acontecimento aqui narrado, por ocasião de um banquete na casa desses mesmos irmãos amados pelo Mestre, inclusive aquele que fora trazido de volta dos mortos, os chefes dos anciãos e dos sacerdotes já tramavam a morte de Jesus, inclusive a de Lázaro. Os poderes estabelecidos, que obtêm vantagens do sistema, e os corações fechados à dinamicidade do Espírito querem sempre destruir a esperança dos que foram resgatados da morte. O desconhecido e simples Lázaro venceu a morte pela voz de Jesus Cristo, mas as forças contrárias querem enviá-lo de volta ao mundo da obliteração.

Para entendermos melhor o ser humano que é Jesus, precisamos nos permitir fazer algumas elucubrações que vão além dos relatos dos evangelistas. É certo que jamais se podem inventar argumentos mirando preencher as lacunas de acordo com nossas ideologias. No entanto, baseando-nos nas atitudes comuns de Jesus diante de todos os problemas com os quais ele se deparou, podemos permitir ilações que se aproximem mais do real. Os evangelistas não puderam anotar todas as palavras que Jesus pronunciou, exatamente porque a redação dos Evangelhos é bem posterior a todos os acontecimentos narrados. Nem mesmo as melhores memórias poderiam reter todas as frases e todos os ensinamentos depois de mais de 40 anos dos fatos ocorridos. *"Há, porém, muitas outras coisas que Jesus fez e que, se fossem escritas uma por uma, penso que nem o mundo inteiro poderia conter os livros que seriam escritos"* (Jo 21,25).

Mas é claro para todos nós que a natureza humana de Jesus, sendo ela genuína, sentiu grande decepção ao testemunhar tantos corações empedernidos e intransigentes diante da mensagem que ele trazia, mesmo tendo eles testemunhado tantos sinais maravilhosos realizados, que eram a "assinatura" de Deus confirmando a autoridade que ele trazia dos céus. Foi o Pai que o enviou! O povo simples e carente estava aberto à mensagem de Jesus, pois muitos sinais, especialmente a revitalização de Lázaro, inspiravam neles grande esperança de uma vida melhor, longe dos tentáculos da morte que os sufocavam todos os dias.

A passagem mais clara que nos revela Jesus a chorar por causa do coração endurecido de muitos de seus compatriotas, especialmente os dirigentes do povo, está no capítulo 19 de Lucas. *"Chegando mais perto, Jesus viu a cidade e chorou sobre ela, dizendo: Ah! se ao menos neste dia tu também compreendesses como encontrar a paz! Mas isso agora está oculto a teus olhos"* (Lc 19,41-42). A palavra grega significa realmente derramar lágrimas de tristeza ou de alegria *éklausen* (ἔκλαυσεν); mas o contexto é evidente, as lágrimas eram mesmo de tristeza, de decepção, de desgosto. Tanto na ocasião do choro por Lázaro *edákrysen* (ἐδάκρυσεν), quanto do choro sobre a cidade que não o acolheu *éklausen* (ἔκλαυσεν), as palavras se parecem muito, mas as motivações são diferentes. Ele chora de saudade por seu amigo morto; mas chora de desencantamento por uma cidade que não abriu o coração para o novo, para o segredo que Deus queria compartilhar.

Jesus desejou que aquela cidade conhecesse os caminhos que levam à paz, à vida em plenitude. Ela não quis acolher essa revelação, por isso cairia nas mãos dos violentos e desoladores, como aconteceu dos anos 66 ao 70 d.C., com o cerco a Jerusalém e a destruição do templo pelas legiões romanas lideradas pelo general Tito e seu pai Vespasiano, que se tornou imperador em 69 d.C. Aquela cidade, que arrancou lágrimas de decepção dos olhos de Jesus, chorava mais tarde humilhada pelas tropas estrangeiras, sem ter entendido o caminho da paz que o Mestre lhe apresentava. As guerras são monstros cegados pela violência e pelo ódio e arrasam tudo que encontram pelo caminho, de inocentes cordeirinhos e pequenas crianças a velhos abutres apegados aos prazeres do poder e às vantagens da corrupção, sem exceção, mas são sempre os mais frágeis que suportam o maior peso das perdas e dos sofrimentos.

Sentir a decepção amargando nosso coração não tem nada a ver com pecado. A nós são permitidas lágrimas de descontentamento quando nossos projetos não dão certo ou quando os que estão a nosso redor não reconhecem nossos esforços e talentos. Choramos quando pregamos a paz ensinada por Jesus, que hoje sabemos ser ele mesmo, mas vemos um exército de violentos implodindo-a e transformando-a em escombros. Sim, lágrimas caem do rosto quando testemunhamos tantos casos de agressão e violência, especialmente em países de maioria cristã. Lamentamos amargamente quando observamos os que se autoproclamam cristãos assaltando, ameaçando, chantageando, traindo, matando, julgando, acusando falsamente, fofocando, agredindo, promovendo guerras. Quantas lágrimas de frustração derramamos todos os dias, sentindo o mesmo que Jesus sentiu. A natureza humana, às vezes, encontra-se realmente em um vale de lágrimas.

3. O remorso que nos arranca lágrimas

Queremos falar agora de alguém que foi muito próximo de Jesus. Esse era exclusivamente de condição humana, como todas as demais pessoas da terra. O pescador Simão Pedro, filho de Jonas. Jesus o chama para confiar-lhe importantes ensinamentos e prepará-lo para assumir grandes responsabilidades ao partilhar de sua missão. Quando recebe o chamado, assusta-se como todos nós. *"Senhor, afasta-te de mim, porque sou um homem pecador!"* (Lc 5,8b). E Jesus define com total clareza a missão desse homem simples e determinado. *"Não tenhas medo; daqui em diante, serás pescador de homens"* (Lc 5,10b).

Ao falar de Pápias de Hierápolis e do Bispo Inácio de Antioquia, o primeiro historiador mais completo da História da Igreja, Eusébio de Cesareia, afirma que o Apóstolo Pedro também havia sido bispo nessa grande cidade da Síria. *"Simultaneamente eram de igual modo conhecidos Pápias, bispo também ele, da Igreja de Hierápolis, e Inácio, até hoje afamado, e que obtivera, como segundo sucessor de Pedro, o episcopado em Antioquia"* (História Eclesiástica, Livro Terceiro, n. 2, p. 160). E também nos conta que, depois de pregar em diversas partes do Império Romano, foi crucificado de cabeça para baixo em Roma. *"Pedro, contudo, parece ter pregado aos judeus da Diáspora, no Ponto, na Galácia, na Bitínia, na Capadócia e na Ásia* (cf. 1Pd 1,1), *e finalmente foi para Roma, onde foi crucificado de cabeça para baixo, conforme ele mesmo desejara sofrer"* (História Eclesiástica, Livro Terceiro, n. 2, p. 113). E, da mesma forma, São Jerônimo corrobora esses acontecimentos. *"Simão Pedro, filho de Jonas, do vilarejo de Betsaida na Província da Galileia, irmão de André, o Apóstolo, ele mesmo sendo chefe dos Apóstolos, depois de ter sido bispo da cidade de Antioquia e pregado na Diáspora – os que acreditavam na circuncisão, do Ponto, da Galácia, da Capadócia, da Ásia e da Bitínia –, dirigiu-se a Roma no segundo ano do reinado de Cláudio para combater Simão, o Mago, e assumir a cátedra sacerdotal ali por vinte e cinco anos até o último ano do reinado de Nero, isto é, o décimo quarto desse imperador. Das mãos desse tirano, ele recebeu a coroa do martírio sendo pregado numa cruz de cabeça para baixo, afirmando ser indigno de ser crucificado de maneira semelhante a seu Senhor"* (Site: newadvent.org).

Pedro assumiu realmente uma missão de proporções gigantescas para o simples pescador de Cafarnaum. O Senhor Jesus nutria um amor muito sincero por esse Apóstolo, em particular. Pode-se observar que ele é o mais citado em todos os evangelistas e nos Atos dos Apóstolos. No entanto, como ser humano atormentado por medos e incertezas, como todos nós, não conseguiu ser o conforto ideal ao amigo que estava vivenciando o tormento espiritual, muito menos o alívio a seu corpo cansado e brutalizado.

Primeiramente, não pôde vigiar enquanto seu Mestre orava, na agonia do Horto das Oliveiras. Dormiu, juntamente com outros dois mais íntimos de Jesus. Estavam tomados pelo medo e pela desilusão que acabaram caindo em um torpor da alma. Diferentemente das delícias do monte Tabor, na Transfiguração, esse monte lancinou o espírito e impingiu aferroadas no coração. E Jesus se decepcionou mais uma vez ao ver seus amigos mais próximos dormindo: *"Então, não fostes capazes de ficar em vigília comigo durante uma hora?"* (Mt 26,40b). Pedro deve ter se sentido muito mal, mas a sonolência continuou embaçando sua visão até que percebeu ter perdido aquele a quem ele mais aprendeu a amar naqueles últimos anos.

Um pouco antes, na ceia privada que comeram juntos, Pedro recebeu palavras dos lábios de Jesus que amargaram o mais recôndito de seu ser. Assim como aquele "filho da perdição", ele também desertaria do Mestre. Romperia os laços mais profundos de uma amizade plenamente genuína. *"Na verdade, eu te digo: nesta mesma noite, antes que o galo cante, tu me negarás três vezes"* (Mt 26,34b). "Jamais, Senhor!" Repetia aquele homem determinado a enfrentar tudo e todos por seu amigo e mestre. No entanto, ao ouvir o barulho dos guardas do templo, e possivelmente de alguns soldados romanos, aproximando-se do local onde se encontravam, Pedro não conseguiu enfrentar aquela batalha tão temerosa, que poderia ter colocado todos eles no madeiro da vergonha.

Depois da prisão, acompanhando de longe, com esperanças de poder interferir de alguma forma, foi reconhecido e confrontado por alguns. Quando nos distanciamos daquele que sofre ou daquele que é perseguido, nosso coração experimenta a culpa amarga da indiferença. Pedro negou toda a sua bela história de caminhada com aquele que se tornou o opróbrio das autoridades e o fracasso de um povo esperançoso. O amigo foi traído; tornou-se um desconhecido; o galo cantou (a consciência nos flagela). *"Pedro foi para fora e chorou amargamente"* (Lc 22,62). O adjetivo *pikrós* (πικρῶς) significa que o choro de Pedro foi tão doloroso que chegou a ser violento. Chorou violentamente sem parar. O remorso arranca lascas do coração.

Estamos discorrendo sobre a humanidade de Jesus, então por que falar de Pedro? Ao falarmos sobre uma das mais importantes figuras do círculo íntimo de seus discípulos, queremos lembrar que ele não escolheu para junto de si os mais perfeitos ou capacitados, mas sim um grupo totalmente descoordenado, amedrontado e heterogêneo. É certo que a humanidade de Jesus sentiu a violência do sentimento de abandono e decepção, especialmente vindo daqueles em quem mais confiava. Talvez sejamos levados a pensar que ele ficou impassível diante de todas essas traições, pois é próprio do super-homem ter conhecimento de tudo com antecedência. Não, Jesus sofreu dolorosamente a traição de seus amigos, como é próprio da condição humana. O traidor (negador) chorou amargamente, é inevitável que o traído tenha chorado ainda mais profusamente.

Jesus chorou. Pedro chorou. Eu chorei. Você chorou. Nós choramos. É um atributo intrínseco de nossa condição humana. Chorar de saudade; de decepção; de remorso. Assim podemos entender nossa própria humanidade que sofre ao sermos traídos. É naturalmente humano o sofrimento de uma namorada ou namorado atraiçoado. Por que alguém seria capaz de fazer tanto mal a outrem? Um esposo que vive anos jurando amor a sua esposa, vivendo em um quase "Jardim do Éden", acaba traindo a confiança de sua amada. Podemos imaginar tamanha amargura naquele pobre coração! Um amigo que confia tanto em outro que é capaz de partilhar os segredos mais recônditos da alma; ao ser enganado, quanta miséria não experimentará tal pessoa! A pior parte de nossa natureza é a indiferença por aquele que sofre, pelo que foi traído, pelo que se encontra na escuridão e na confusão dos sentimentos. A sociedade se torna doentia quando começa a esmagar ainda mais os corações daquelas pessoas inocentes, que foram traídas pela infidelidade de um coração sombrio. Por isso curemos nossa civilização; deixemos de insultar os traídos de corno, capacho, burro, ingênuo. Que os traidores chorem amarga e violentamente para que possam passar pelo processo de arrependimento, sem o qual Pedro jamais conseguiria obter o perdão e a grandiosa missão das mãos de seu Senhor, o traído.

JESUS SORRI E SE DIVERTE

II

"E, achando-a, coloca-a sobre os ombros, cheio de alegria, e, voltando para casa, convida os amigos e os vizinhos, dizendo-lhes: Alegrai-vos comigo, porque encontrei minha ovelha que estava perdida"
(Lc 15,5-6).

1. Nas festas, lugar do encontro

São Bento dizia em sua regra, no capítulo sétimo sobre a Humildade: *"O décimo grau da humildade consiste em que não seja o monge fácil e pronto ao riso, porque está escrito: 'O estulto eleva sua voz quando ri'"* (The Rule of Benedict, p. 23).

As suspeitas sobre o riso sempre marcaram a história do Cristianismo, pois havia o temor constante de que a seriedade do sagrado fosse banalizada. Ainda hoje, por exemplo, há muitos que repetem o discurso do velho Jorge, personagem cego da obra "Em Nome da Rosa", de Umberto Eco: *"Jesus, Nosso Senhor, nunca contou comédias nem fábulas, mas apenas límpidas parábolas que alegoricamente nos instruem sobre como alcançar o paraíso, e assim seja"*. Ao que o sábio frei Guilherme lhe responde: *"Pergunto-me por que sois tão contrário em pensar que Jesus jamais tenha rido, pois acho que o riso é bom remédio, como os banhos, para curar os humores e as outras afecções do corpo, em particular a melancolia"* (Umberto Eco, Em Nome da Rosa, p. 158).

E a resposta de Guilherme, o frade Franciscano, é a que nos pode ajudar nessa reflexão a respeito do homem Jesus, pois o riso e a alegria são próprios da condição humana. Ainda que não encontremos nenhuma passagem que afirme cabalmente *"e Jesus riu"*, da forma que encontramos o peremptório *"e Jesus chorou"* (Jo 11,35), podemos assumir o que o contexto nos sugere tacitamente.

Analisemos o seguinte texto evangélico: *"Pois veio João, que não come nem bebe, e dizem: 'Ele é um possesso!' Veio o Filho do homem, que come e bebe, e dizem: 'É um comilão e beberrão, amigo dos publicanos e dos pecadores!' Mas a Sabedoria é justificada por suas obras"* (Mt 11,18-19).

A certeza que temos sobre o espírito alegre e sorridente de Jesus provém das insinuações de seus adversários. Esses o acusam de ser comilão e beberrão, pelo fato de vê-lo sempre visitando as casas, comendo e bebendo com as famílias, participando de festividades e eventos. Não é cabível pensar que um ser humano genuíno viveria intensamente todos esses momentos de festa e partilha com um rosto sisudo e aborrecido. E ainda o acusam de ser amigo dos publicanos e pecadores. Os publicanos eram os cobradores de impostos, considerados pelos judeus uma das classes mais abjetas entre o Povo Eleito. Traidores de sua nação gloriosa, para benefício próprio. Prostitutos de deuses estrangeiros e amigos dos idólatras. Jesus andava com esse tipo de gente que sofria a rejeição de todos os compatriotas. Imaginem a alegria desses judeus ostracizados ao verem aquele rosto acolhedor, comendo e bebendo com eles, como se fossem irmãos. E, além disso, Jesus também é censurado por estar sempre envolvido com os pecadores, aquelas pessoas desprezíveis que deveriam constantemente ser rechaçadas pelos judeus religiosos e de bom costume, por exemplo, as prostitutas, os leprosos, os enfermos, os endemoninhados, os pagãos.

Jesus sorria no meio dessa multidão de "enfermos", pois eram eles que precisavam do médico e para quem dedicava seu ministério confiado pelo Pai (cf. Mt 9,12; Mc 2,17; Lc 5,31). Não é possível ser humano de verdade e não estar radiante nos momentos em que Deus se manifesta na união dos irmãos. Sorrisos geram sorrisos. Aqueles rostos sorridentes e esperançosos com certeza causaram alegria espiritual em Jesus, que a exteriorizava em seus lindos e autênticos sorrisos.

Esse personagem de face taciturna, que tem ojeriza por rostos radiantes de felicidade, ainda se faz presente em todos os cantos do mundo. Ele não encontra motivos para se alegrar e viver com plenitude a vida que lhe foi dada, por isso se dedica a destruir as linhas juvenis de um rosto sorridente e a leveza de uma alma livre. Assustam-nos essas "caras amargadas pelo fel", pois estão sempre de mal com a vida, murmurando e criticando acidamente todos a seu redor, especialmente aqueles que não se coadunam com seu estado gélido de alma, e é por isso mesmo que querem fazer de tudo para provar que Jesus jamais teria sorrido. Querem também extinguir o próprio sorriso do Mestre, fazendo afirmações espúrias de que as Sagradas Escrituras desautorizariam tal tese. Na linha desse pensamento, a Encarnação voltaria novamente a ser entendida pela ótica dos *docetistas*, a qual espalhava pelos quatro cantos que Jesus apenas parecia homem, pois Deus jamais assumiria nem mesmo a ínfima parte da matéria, que é decadente. Rir é próprio do ser humano, da condição mais profunda de nosso existir.

A festa das Bodas de Caná nos revela um Jesus encarnado em sua cultura, sempre feliz em poder partilhar momentos prazerosos com aqueles que Ele amava (Jo 2,1-12). O texto nos dá a entender que Maria é a convidada especial daquele casamento e parece conhecer de perto os noivos. Jesus também vai a esse evento marcante em Caná, vilarejo vizinho de Cafarnaum, levando consigo seus discípulos Pedro, João, André, Filipe e Natanael. Na tradição judaica, as celebrações de um matrimônio estendiam-se por sete dias, que eram regados a muito vinho e a comidas variadas para bem acolher os convidados. A maioria desses provinha da própria família ou do vilarejo, mas alguns parentes poderiam vir de mais longe, enfrentando horas ou dias de caminhada. Servia-se um bom vinho no início da festa, para agradar o paladar dos convivas. Conforme ia se estendendo o tempo e os convidados começavam a perder o senso de julgamento, oferecia-se um vinho de menor qualidade, misturado talvez à água para render mais.

Interessante notar que Jesus participa de uma festa em que, comumente, de acordo com as palavras do mestre-sala, as pessoas bebiam o vinho até o ponto da embriaguez. Não ouvimos nenhuma palavra de Jesus em reprovação a essa tradição de sua cultura, ainda que somente João nos dê os detalhes desse episódio. Isso também não quer dizer que ele consentia com essas atitudes de exagero, que faziam e fazem tantos estragos na vida das pessoas. O termo grego usado nesse trecho *methysthósin* (μεθυσθῶσιν) significa literalmente *"intoxicar-se com grande quantidade de vinho"*, *"beber até se embriagar"*, ainda que muitos tradutores tentem amenizar o estado de alma daqueles convidados. Essa palavra grega demonstra claramente seu significado em passagens, tais como Mt 24,49; At 2,15; 1Cor 11,21; 1Ts 5,7; Ap 17,6.

O vinho de menor qualidade era oferecido mais para o fim da festa, por isso se pode pensar que Jesus e seus discípulos tenham ido já nesse estágio da celebração, talvez a convite de sua mãe. Ele foi para se divertir, sorrir e festejar a vida com aqueles noivos, mas especialmente com Maria e com aqueles homens que haviam começado a segui-lo. O principal ingrediente da festa estava minguando, e Maria percebeu essa situação, possivelmente pelo semblante de preocupação daquele que tinha a missão de organizar tudo, o mestre-sala. E ela resolveu intervir, pois confiava que seu filho pudesse dar uma resposta a esse problema. Dirigiu-se a ele com toda a liberdade de mãe e apresentou a realidade fatídica: *"eles não têm mais vinho"*. E então se desenrola um pequeno diálogo que tem sido tema para debates infindáveis na História da exegese bíblica. Jesus parece repreender levemente sua mãe, como sugerem alguns biblistas, mas no sentido de admoestá-la a não se preocupar com os problemas do mundo. Ele diz: *"Mulher" (γύναι)*, um termo de muito respeito e veneração, diferentemente do que algumas correntes protestantes querem forçar em suas explicações. Jesus usa esse chamamento em vários momentos ao admirar a fé de grandes mulheres. Assim ele diz para a mulher cananeia, ao perceber sua fé inabalável (Mt 15,28); para a mulher enferma há dezoito anos, quando a liberta daquele espírito mau (Lc 13,12); para a Samaritana que demonstrava fé (Jo 4,21); para a pecadora resgatada do apedrejamento (Jo 8,10); para Maria Madalena que se derramava em lágrimas (Jo 20,15); e diz novamente, do alto da cruz, a sua mãe (Jo 19,26). Esse é um termo de carinho e respeito, por isso o texto nos dá a entender que tudo o que Ele fala depois desse chamamento *"mulher"* tem de estar coerente com um tom de mansidão a sua mãe.

"O que há entre mim e ti?" O relacionamento de Jesus e sua mãe foi sempre de ternura, afinal Jesus se submetia em tudo a seus pais (cf. Lc 2,51). *"A minha hora ainda não chegou!"* No meio do barulho da festa, na presença de seus discípulos, o filho estreita ainda mais o laço de união com sua mãe, pois entende que o momento propício para a inauguração de seu ministério havia chegado. Os olhos ternos da mãe acalentam o coração do filho, que ainda esperava os sinais dos tempos para iniciar sua vida pública como o enviado do Pai. Ele, como todos nós seres humanos, também nutria expectativas e, com certeza, sentiu um gelo na barriga para assumir aquela gigantesca Missão, e sua mãe estava lá para lhe dar apoio e conforto, como sempre havia feito.

Na troca de olhares, com certeza Maria entendeu que seu filho estava pronto para começar a concretizar as palavras do Anjo que ainda ressoavam em seus ouvidos. *"Fazei tudo o que Ele vos disser"*. Sim, Maria profere as mesmas palavras que o Pai diria mais tarde no momento da Transfiguração:

"Este é meu Filho, o Eleito, escutai-o!" (Lc 9,35). E Jesus realiza o milagre da transformação da água em vinho, um vinho maravilhoso de sabor inigualável; o mestre-sala aprova com muitos elogios. E o mais importante: *"os discípulos creram nele"*. Foi ali que Jesus iniciou os sinais *seméion* (σημείων) de sua manifestação como Messias, sinais esses que eram a confirmação de que o ministério do Filho era a vontade do Pai.

Ao findar a festança, os recém-casados com certeza estavam muito felizes, pois tudo aconteceu conforme o esperado sem maiores problemas. O noivo foi chamado pelo mestre-sala para ser elogiado pela qualidade do vinho, mas ele não tinha consciência de que Jesus havia intervindo. A manifestação messiânica de Jesus foi somente para sua mãe, seus discípulos e os simples serventes que foram encher as talhas de água. Depois de muita celebração e muitos acontecimentos inesquecíveis, Jesus retorna a Cafarnaum acompanhado de sua mãe, seus parentes e discípulos. Uma pequena jornada de algumas horas ao redor do Lago de Genesaré, mas é certo que muito proveitosa para usufruir de um tempo de qualidade entre pessoas queridas, que contam histórias e riem ao longo da caminhada da vida. Aquele milagre (sinal) ficará para sempre na memória de sua mãe, que guardava tudo no coração (cf. Lc 2,51b); dos discípulos, que o seguirão até o fim; e dos serviçais que se recordarão com alegria das ações de Deus naquele dia, diante de seus olhos. Uma festa que prefigurou a participação da humanidade (água) na natureza divina (vinho). O tempo do Precursor partia para o ocaso, e iniciava-se o reinado do Messias. Quanta beleza e alegria em uma festa de casamento!

2. Saltando de alegria

Há uma passagem do Evangelho de Lucas, ao descrever a alegria de Jesus no Espírito Santo, que encanta nossa alma (Lc 10,17-22). Ele enviou os setenta e dois discípulos em missão para levar a Boa-Nova a muitos locais que gostaria de visitar, mas não teria tempo hábil para fazê-lo. É justo pensar que muitos daqueles discípulos visitaram famílias em várias partes da Galileia, da Traconítide, da Decápolis, da Pereia, da Judeia, e quem sabe até mesmo da Samaria e da região pagã de Tiro e Sidônia, o que é pouco provável, ainda que Jesus tenha passado de relance por essas regiões um pouco mais tarde. Não sabemos se houve convertidos oriundos daquele envio, mas podemos notar que os setenta e dois retornaram muito jubilosos porque até mesmo os demônios se submetiam ao nome de Jesus. Esse termo poderia também fazer referência a toda divisão, todo ódio, toda maldade, todas contendas e vinganças existentes na vida das pessoas visitadas. Com a obra missionária dos discípulos, o reino do inimigo da humanidade começava a desmoronar: *"Eu vi Satanás cair dos céus como um raio"* (Lc 10,18), aclamou Jesus. A alegria dos missionários contagiou o coração do Mestre. E eles precisavam se alegrar mesmo, pois seus nomes foram *"escritos no céu"*, no coração de Deus.

Jesus, então, movido pela força do Espírito Santo, que abrasa a alma dos seres viventes, elevou ao Pai uma belíssima oração. A palavra usada para descrever o estado de ânimo do Mestre é *egaliássato* (ἠγαλλιάσατο), que significa literalmente *"pular de alegria"*. Caracteriza aquela euforia do coração, quando o gozo toma conta de nosso ser e, não podendo nos conter, desenhamos um grande e genuíno sorriso em nosso rosto. A oração é linda, como se segue: *"Eu vos bendigo, ó Pai, Senhor do céu e da terra, porque estas coisas que escondestes aos sábios e entendidos, vós as revelastes à gente simples. Sim, Pai, porque assim foi de vosso agrado"* (Lc 10,21). Ele estava saltando de alegria porque testemunhou a bondade do Pai celestial para com seus filhos mais desprezados na terra. Os pequeninos abrem seu coração ao Espírito Santo e conseguem entender a Missão de Jesus, o Ungido do Senhor. São sempre os mais simples que recebem com alegria a Boa-Nova do coração de Deus: os pastores, os magos estrangeiros, os enfermos, os demonizados pela sociedade e os indesejáveis.

Jesus está nos ensinando que devemos abrir nossa casa interior para a ação do Espírito Santo, que nos concede o deleite da alma, principalmente por meio da oração. O diálogo com Deus fortalece nossa intimidade e confiança em sua sabedoria infinita. Se Jesus Cristo, sendo plenamente humano, regozijou seu espírito pelas maravilhas realizadas pelo Pai, nós também podemos elevar nossa alma com cantos e aclamações em todos os dias de nossa vida. E que magnífico ver a grande consideração e o indubitável sentimento de satisfação de Jesus com relação ao trabalho de seus discípulos. Ele, além de mestre, é amigo verdadeiro, que rejubila o coração pela vitória e o sucesso daqueles que ele ama. Amigo de verdade é o que fica feliz por suas conquistas. A alegria que provém da simplicidade e do sorriso de seus enviados alegra a alma de Jesus.

Sim, ele é consciente dos riscos e das provações que seus seguidores terão de enfrentar em todos os tempos, mas isso não tolhe seu contentamento naquele instante. Como bem ensina o Eclesiastes: *"Para cada coisa há seu momento e um tempo para toda atividade debaixo do céu... Um tempo para chorar e um tempo para rir, um tempo para prantear e um tempo para dançar"* (Ecl 3,1.4). Naquele momento de partilha da missão, era o tempo propício para Jesus rir e aprazer-se no Espírito Santo.

E por que estamos perdendo essa capacidade de sorrir e de nos deleitar no Espírito Santo? O Paráclito é considerado consolo da alma e doce alívio para o coração, precisamos nos abrir mais a seu poder transformador para combater a amargura e o mau humor que envolve nossa vida como um todo. Podemos ser sérios em nossa responsabilidade de evangelizadores, mas sem perder o fruto da alegria que o Espírito Santo derrama sobre todos nós, assim como Jesus ensinou-nos.

O papa Francisco, em sua homilia de Natal para a Cúria em 22 de dezembro de 2014, citou um mal que está corroendo até mesmo as altas esferas da hierarquia de nossa Igreja, respingando nos evangelizadores e nos fiéis em geral: a doença da cara fúnebre. Assim diz ele: *"Essa enfermidade é das pessoas rudes e amargas que consideram que, para se ser sério, é preciso pintar o rosto de melancolia, de severidade e tratar os outros, sobretudo aqueles considerados inferiores, com rigidez, dureza e arrogância. Na realidade, muitas vezes, a* severidade teatral e o pessimismo estéril são sintomas de medo e insegurança de si mesmo" (Site: vatican.va).

Quantas palavras proféticas para os dias de hoje! E para corroborar tudo o que temos dito sobre Jesus e seu espírito de alegria e júbilo, ele finaliza dizendo: *"O apóstolo deve esforçar-se por ser uma pessoa gentil, serena, entusiasta e alegre, que transmite alegria onde quer que esteja. Um coração cheio de Deus é um coração feliz que irradia e contagia com a alegria todos aqueles que estão a seu redor: disso nos damos conta imediatamente! Assim, não percamos aquele espírito jubiloso, bem-humorado e até autoirônico, que faz de nós pessoas amáveis, mesmo nas situações difíceis..."* (Site: vatican.va).

3. Crianças têm medo de cara feia

É de se notar que Jesus se aproxima constantemente das pessoas, especialmente daquelas que estão sofrendo e tomadas pelo desespero. Sua fama espalhou-se de tal forma que já não conseguia tempo para si e para os discípulos, tendo que, amiúde, buscar lugares mais afastados. As pessoas se aproximavam dele porque encontravam um rosto sereno e acolhedor, afinal o ser humano, em geral, é desencorajado a procurar conforto e alívio em rostos retesados e sorumbáticos. É possível imaginarmos essa face sorridente e amiga de Jesus, ao menos serena, enquanto caminhava no meio do povo ou compartia histórias e ensinamentos em seu círculo mais íntimo de amigos. Na casa de Nazaré, José e Maria se amavam sempre mais, e quantos sorrisos de ternura não aconteciam todos os dias naquele lar! Aqueles pais nutriam um amor ainda maior pelo menino que lhes foi dado do céu. Quantos sorrisos Jesus não deu no colo de seu pai ou nos braços de sua mãe! Na casa de Marta, Maria e Lázaro, ele encontrava acolhimento e carinho, e quantas lindas partilhas de vida não aconteceram naquele lar! O Verbo Divino encarnou-se para nos ensinar a viver de verdade, a sermos verdadeiramente humanos e, então, participarmos de sua divindade.

Um acontecimento que nos revela essa característica risonha de Jesus é quando alguns pais afobados levavam criancinhas para que ele as tocasse e as segurasse nos braços (Mt 19,13-15; Mc 10,13-16; Lc 18,16). Os discípulos tentavam proibir aqueles progenitores de apresentarem os pequeninos porque, com certeza, o mestre já estava cansado das andanças, e a criançada, como em todo lugar do mundo e em todos os momentos da história, era ruidosa com seus choros e risos. Na versão de Marcos, Jesus fica indignado com seus discípulos, bravo mesmo, por agirem daquela forma, mas veremos a característica da indignação mais para frente. Ele diz aos discípulos: *"deixai vir a mim as criancinhas, porque o Reino de Deus é daqueles que a elas se assemelham"* (Mc 10,14). Podemos pensar que é apenas a inocência do infante a ser exaltada aqui por Jesus, mas, colocando no contexto da época, a criança representava também os seres de menor valor, pois era considerada pessoa de segunda classe, assim como as mulheres, os enfermos e os estrangeiros.

Seria possível que o mestre Jesus, tão sábio em todas as suas palavras e atitudes, entendedor da alma humana, receberia as crianças em seus braços com desdém e com as feições rabugentas? Se ele recebia os pequeninos e dizia que o Reino era de todos aqueles que se pareciam com eles, ele o fazia com o rosto cheio de alegria e com um sorriso largo, ainda que os textos não o digam explicitamente.

Em outro episódio, ele toma mais uma vez uma criança em seus braços, abraça-a e a coloca no meio da roda dos discípulos, enquanto discutem quem é o maior entre eles (Mt 18,1-6; Mc 9,33-37; Lc 9,46-48). Imaginemos o coração daquela criancinha que estava sendo olhada por todos aqueles homens e sendo tomada como exemplo nas mãos daquele sábio e famoso, que a multidão seguia todos os dias. Certamente, Jesus sorria e demonstrava carinho àquele pequenino, abraçando-o antes de sentá-lo no meio dos discípulos. Ainda que o assunto fosse muito sério e importante para aqueles homens, Jesus sabia lidar com ambas as situações com uma maestria incomparável: doutrinava firmemente seus seguidores, enquanto enchia o coraçãozinho daquela criança de conforto e tranquilidade com seu toque e seu sorriso inigualáveis. Que humanidade exímia!

Concluímos que os textos do Evangelho nos revelam um Jesus imbuído do espírito de alegria, que se expressava em largos e belos sorrisos àqueles que precisavam de um rosto amigo aqui na terra.

III

JESUS SE INDIGNA

"Ai de ti, Corozaim! Ai de ti, Betsaida! Pois, se em Tiro e Sidônia tivessem sido feitos os milagres que aconteceram aí no meio de vós, há muito tempo teriam feito penitência com cinza e cilício. Por isso vos digo: no dia do juízo, Deus será menos severo com Tiro e Sidônia do que convosco. E tu, Cafarnaum, pensas que te erguerás até o céu? Serás precipitada no inferno. Porque, se em Sodoma tivessem sido feitos os milagres que aconteceram aí no meio de ti, ela existiria até hoje. Por isso vos digo: no dia do juízo, Deus será menos severo com a terra de Sodoma do que contigo" (Mt 11,21-24).

1. A história do chicote

Os seres humanos se indignam com as injustiças, isso é certo. E indignação não configura pecado, pois Jesus se indignou muitas vezes. E o sentir raiva o que quer dizer? Seria pecado? A resposta seria "não", se chegássemos à conclusão de que Jesus também sentiu raiva, pois ele foi em tudo igual a nós, menos no pecado (cf. Hb 4,15b).

Os quatro Evangelhos narram a seguinte passagem. A Páscoa dos judeus era uma festa em que milhares de pessoas acorriam a Jerusalém anualmente. José, Maria e Jesus subiam todos os anos de Nazaré para participar desse evento religioso (cf. Lc 2,41). A celebração era tão grande que até mesmo o procurador romano, que morava na costa do Mar Mediterrâneo, em Cesareia, subia a Jerusalém com toda a guarnição de soldados para assegurar a ordem durante os dias da festividade. Os nervos afloravam na pele dos romanos, pois sabiam que agitações eram possíveis nesse momento em que os judeus celebravam a memória da libertação do jugo estrangeiro do Egito. Estar submisso a outro poder dominador de pagãos indignava todo judeu piedoso, e isso fez surgir, com o tempo, movimentos de resistência que atacavam todos aqueles que colaboravam com a presença dos romanos. Os sicários eram um desses grupos rebeldes que usavam pequenas adagas para ferir ou matar nas ruas os simpatizantes do Império usurpador.

Portanto as autoridades romanas, e também as judaicas, que se beneficiavam da presença do poder estrangeiro, estavam todas em alerta máximo nesses dias de imensa multidão em Jerusalém. No auge dessa festividade, Jesus entrou no pátio do Templo e sentiu uma indignação tão grande por ver a Casa do Pai se transformar em covil de ladrões e espaço de mercado; fez um chicote com cordas (ποιήσας φραγέλλιον ἐκ σχοινίων) e começou a virar as mesas dos cambistas, a espalhar o dinheiro no chão e a expulsar os compradores e vendedores, com o açoite na mão. É visível que, como os discípulos lembraram mais tarde das palavras do salmista, *"o zelo pela Casa do Pai o consumiu"* (Sl 69,10 e Jo 2,17). A palavra *"zelo"* vem do grego zélos (ζῆλος), que chegou até nós por meio do latim *(zelus)*. Ela possui em sua raiz o significado de explosão de ciúmes e dedicação ardente. Significa aquele cuidado máximo por alguém ou por alguma coisa. Jesus, impelido pela diligência intensa pelas coisas sagradas e munido de um chicote, expressou uma das emoções que a psicologia moderna define como *"básica"*, que é próprio do ser humano.

Raiva vem do latim *(rabies, iracundia)* e significa exatamente essa explosão exterior violenta, ainda que não cause danos físicos a ninguém. As atitudes vistas pelos espectadores de Jesus foram, sem dúvida, consideradas agressivas, pois o chicote na mão e as mesas voando pelo ar não podem ser tomados como gestos brandos. Era certamente uma ação que desencadeou uma reação dos soldados romanos e da guarda do Templo, pois Marcos nos diz que chegou ao conhecimento dos escribas e dos sumos sacerdotes que planejavam um jeito de matá-lo.

Todos nós sentimos raiva pelas injustiças que nos fazem, pelas traições daqueles em quem mais confiamos, pela ingratidão dos que estão a nosso redor. Nossa alma é arrebatada pelo sentimento de cólera, e perdemos o senso de julgamento. No entanto, se tudo isso passa em um momento, como um relâmpago que logo se esvai, não podemos pensar que esses episódios da vida configuram pecado. É óbvio que, se ficarmos cegos pela ira e acabarmos machucando, ferindo ou atentando contra a integridade física ou moral de alguém, as consequências serão chamadas de pecado. Podemos argumentar que essa atitude de Jesus, talvez, tenha deixado marcas psicológicas em alguns vendilhões no Templo ou naqueles inocentes compradores que se submetiam às vicissitudes da religião para poder cumprir os preceitos ritualísticos, mas, logo depois desse episódio, ele já estava pregando a Boa-Nova do Pai no Templo. Ele não guarda rancor; não odeia seus irmãos que compram e vendem na Casa de Deus. Apenas deixa aflorar uma das emoções mais básicas do ser humano causada por algum estímulo externo: traição, injustiça ou indiferença.

Como exemplo, tomemos uma hipotética esposa fiel e dedicada ao marido e ao lar. Desde que ela se apaixonou por aquele homem, seu companheiro, nunca mais pensou em namorar ninguém que não fosse ele. Os planos eram construir família e ser feliz até que Deus a chamasse à vida eterna; criar os filhos, cuidar do esposo e mergulhar cada dia mais naquela história de amor, que mais parecia um conto de fadas. No entanto, certo dia, ela descobre que o esposo vinha traindo-a sistematicamente e, até mesmo, já constituía uma segunda família. Qual é o sentimento que invade aquele coração enganado? O mundo desaba, e a esperança é estraçalhada. Quão dolorido é receber na face o beijo de Judas! A pessoa em quem ela mais confiava crava-lhe um punhal nas costas. Sim, caros leitores, o sentimento da raiva é uma resposta essencialmente humana a um acontecimento sombrio como esse. Jesus sente o gosto amargo da traição diversas vezes em sua vida pública. Há discípulos que traem, que negam, que fogem, que desistem, que decepcionam. Quando vê que a religião se torna mercado entre os homens, a raiva aflora em seu íntimo, e o ímpeto do momento é externado em gestos bruscos.

Imagine hoje quantos chicotes não seriam precisos para expulsar aqueles que fazem dos templos sagrados lugares de comércio? Igrejas que vendem promessas, curas e milagres a torto e a direito. Ao redor de toda igreja ou de todo templo de adoração, há pessoas querendo tirar proveito do *"deus dinheiro"*. Existem verdadeiras empresas organizadas no que diz respeito aos dízimos gordos que *"devem"* ser pagos aos dirigentes do sagrado, novos saduceus que, em não poucos casos, sugam até a última gota de sangue daqueles que já estão quase exangues. Exploram os pobres, os desesperados, os injustiçados, os oprimidos. E, quando testemunhamos esse mau-caratismo no bojo de todas as denominações, sentimos raiva e acionamos nosso chicote da justiça e do profetismo. Ainda que sejam em número ínfimo, esses aproveitadores do sagrado fazem estragos imensuráveis na vida das comunidades cristãs no mundo, conspurcando sua missão de ser luz para os povos.

Jesus não tolera esse tipo de atitude exploradora e mentirosa. O pecado da hipocrisia é o mais combatido no decorrer dos Evangelhos. O Messias demonstra ojeriza a todo e qualquer tipo de instrumentalização do sagrado; ele repele com o chicote de suas palavras contundentes as artimanhas dos poderosos que querem prender Deus em uma caixinha e que excluem a participação de todos os menos favorecidos de sua presença. Jesus se indigna, portanto, com todas as traições que são feitas à verdadeira Aliança do Pai com a humanidade.

2. A raiva contra a indiferença

Uma das passagens mais incisivas sobre a genuinidade dos sentimentos humanos de Jesus é a que encontramos no episódio da cura do homem da mão atrofiada, no Evangelho de Marcos (Mc 3,1-6). Era um dia de sábado, e o Mestre entrou na sinagoga de Cafarnaum, provavelmente acompanhado de seus inseparáveis discípulos, e percebeu um homem que possuía uma enfermidade nas mãos, por problemas nos ossos ou nos nervos. Aquele que estava doente é usado pelos dirigentes fariseus como uma isca para ludibriarem Jesus a *"desrespeitar"* a lei mais sagrada dos judeus, a inviolabilidade do sábado.

Jesus enxergou o doente, que estava invisível a todos os demais na sinagoga. Aqueles que carregavam deformidades no corpo ou na alma não deveriam ser objetos de misericórdia, pois estavam pagando pecados próprios ou de antepassados; essa era a teologia nefasta da época. Pregava-se que era o próprio Deus quem castigava os ímpios enviando-lhes maldições dos céus. Os desvalidos pela doença, além de sofrerem os tormentos do corpo, também recebiam o peso dos estigmas sociais. Tornavam-se indesejáveis, invisíveis e impuros. Jesus devolveu primeiramente sua dignidade humana: *"Levanta-te e vem para o meio"* (Mc 3,3). Podemos sentir o coração daquele homem palpitar aceleradamente. Teria pensado consigo mesmo: *"Eu? Como esse homem consegue me enxergar?"* A alegria e o espanto tomaram conta daquela vida cansada e marcada por profundas feridas e chagas físicas e sociais.

Jesus não queria apenas transformar a vida daquele homem, senão também ensinar a seus ouvintes o caminho de misericórdia que trouxe do coração do Pai Amoroso. E perguntou a todos eles: *"É permitido no sábado fazer o bem ou o mal, salvar uma vida ou matar?"* (Mc 3,4). Absolutamente todos se calaram. Estavam definitivamente apegados à letra que se fecharam à ação do Espírito

Santo, e não se importavam mais com a vida de outrem. Deus lhes falava, mas estavam moucos interiormente. É a esse apego cego à lei que o Apóstolo Paulo se refere ao chamá-la de maldição (cf. Gl 3,13) e para a qual todos devemos morrer, pois ela não deve reger nossa vida dessa forma (cf. Rm 7,4).

Diante desse silêncio de todos os presentes, Jesus lançou-lhes um olhar de fúria, encolerizado, raivoso. Ao mesmo tempo, de muita tristeza e decepção. A palavra usada em grego para descrever o sentimento de seu coração é orgés (ὀργῆς), que traz em sua raiz a ideia de *"impulso violento, raiva, furor, impetuosidade"*, conforme pode ser visto em Mt 3,7; Lc 3,7; Jo 3,36; Rm 1,18; Ef 2,3; Cl 3,6; 1Ts 2,16. E a segunda emoção sentida por Jesus naquele momento é descrita pela palavra *syllypoúmenos* (συλλυπούμενος), que é um grande lamento, uma tristeza profunda pela dureza dos corações. Mesmo assim, ele pediu que o homem estendesse as mãos e, então, realizou o milagre. Em vez de os fariseus se admirarem e abrirem a mente diante de grandiosa ação divina, dirigiram-se àqueles que eram apoiadores do rei Herodes Agripa e começaram a tramar a morte do *"curandeiro desobediente"*.

É verdade que Jesus sentiu novamente uma raiva impetuosa em seu coração, mesmo sendo justificável, como dizem alguns biblistas. Esse acontecimento é verdadeiramente didático para que conheçamos melhor o Verbo Encarnado e aprendamos a ser humanos com ele. Não é aceitável que nosso temperamento se torne explosivo diante de qualquer provocação ou de razões ínfimas. A temperança deve ser a rainha de nossa vida, assim como Jesus a assumiu com perfeição em sua alma. O ódio gratuito e a violência ignóbil não deveriam existir, para o bem da humanidade. Ele nos ensina a nos indignar com a maldade e a indiferença, com a injustiça e as traições.

Encontraremos, não raras vezes, no caminhar de nossa vida, situações que trarão a nosso coração o sentimento de *orgés* e de *syllypoúmenos*. Isso pode acontecer em nosso dia a dia, quando vemos um adulto espancando uma criança; um cuidador maltratando um idoso; um escolarizado desfazendo-se de um iletrado; um privilegiado diminuindo um menos favorecido; um funcionário público menosprezando algum cidadão necessitado; um clérigo humilhando um fiel; um país rico esmagando uma nação menor e mais pobre etc. São tantos exemplos que poderão acender em nosso coração essa chama consumidora da raiva indignada e da profunda tristeza ao contemplar corações endurecidos.

A pedagogia de Jesus nos ensina que é puramente humano ter compaixão, sofrer com os que são desprezados e aniquilados socialmente. É por causa do coração empedernido daqueles fiéis religiosos, que falavam tanto de Deus, mas tinham os olhos bloqueados pelo peso da lei do puro e do impuro e das tradições, que Jesus deu um grito de protesto e trouxe o irmão invisível à existência novamente. A religião havia se tornado privilégio apenas dos perfeitos. Deus tinha se tornado escravo das vontades dos dirigentes que se diziam puros e dos cumpridores das centenas de leis. Todos os demais, pobres, enfermos, estrangeiros, haviam sido deixados de fora da misericórdia divina. O olhar de raiva e de tristeza de Jesus simboliza uma ruptura com essa interpretação errônea que os líderes faziam das Escrituras e das tradições, ensinando ao povo o que não vinha do coração de Deus, mas dos próprios desejos humanos mascarados com o selo da divindade.

É na sinagoga que Jesus rompe com a teologia da exclusão, acolhendo o homem recusado e devolvendo sua dignidade de criatura amada por Deus. Na nova e genuína teologia, a enfermidade dele deixa de ser um castigo divino, maldição dos céus, para se tornar acidentes da natureza, que podem acometer qualquer um, bons e maus, ricos e pobres, judeus e estrangeiros. É urgente que lancemos um olhar fulminante de raiva e indignação a todas as pessoas e situações que marginalizam os irmãos que trazem enfermidades no corpo e na alma. Tomemo-los pelas mãos, sem medo de sermos julgados, e tragamo-los para o meio da sinagoga da vida, pois eles também são amados do Pai. Suas feridas não os fazem abjetos aos olhos do Criador. Sua dignidade de filhos amados do Pai é maior do que as leis cegas, que destroem. Mesmo que todos excluam, humilhem e ostracizem alguns dos irmãos, sigamos o exemplo de Jesus, chamando-os para o meio e devolvendo-lhes a dignidade da existência.

3. Abismado diante dos corações endurecidos

Há acontecimentos na vida pelos quais até mesmo os corações menos sensíveis se deixam tocar. Quando acontece um linchamento ou uma tortura de algum ser humano em praça pública, todos os corações são inclinados a sentirem compaixão, a compartilharem das dores daquela pessoa. Há um vídeo chocante de uma menina adolescente sendo espancada e queimada viva na Guatemala, no ano de 2015. As cenas fazem as entranhas de qualquer ser vivo racional se revirarem violentamente. Não há razões ou desculpas aceitáveis para um bando de pessoas enfurecidas espancar e matar outro ser humano. Mas o que mais nos deixa estupefatos é testemunhar várias mulheres, que também são mães, tomando parte no linchamento, e ver várias crianças pulando e se divertindo ao lado da menina que chora de dor e sangra profusamente enquanto seu corpo é tomado pelas chamas. A dureza dos corações nos pasma!

E essa face mórbida do ser humano se deixa transparecer também na Internet, quando podem ser encontrados comentários de desconhecidos anônimos zombando da vítima e sendo cúmplices da multidão assassina. Disseram que a menina em questão foi flagrada roubando um dos moradores, com a ajuda de um companheiro, que escapou. Essa é uma passagem que nos leva ao capítulo oitavo de São João, quando a mulher, acusada de adultério, é trazida para ser julgada por Jesus. Onde estava o homem? Ninguém sabe dizer. O Deuteronômio prescreveu apedrejamento aos dois adúlteros que fossem pegos em flagrante, mas essa parte da lei não interessava aos devoradores de vidas fragilizadas. Assim aconteceu com a adolescente na Guatemala, acusada, espancada, queimada e apagada da história. Os corações endurecidos nos espantam realmente!

Citemos outro exemplo bárbaro que provém de atitudes de corações gelados. Em 2005, na cidade de Meshed, no Irã, dois jovens de 16 e 18 anos foram enforcados em praça pública. A imagem rodou o mundo. O crime dos rapazes: a homossexualidade. Até mesmo os pais e as mães mais conservadores, membros de uma seita religiosa ultrafundamentalista, não assistiriam a essa cena impassíveis de indignação. A vida de dois jovens, com muitos sonhos e projetos para o futuro, dois filhos amados do Pai, simplesmente varrida da terra devido aos corações petrificados de alguns seres humanos.

Jesus também se admirou de tamanha falta de fé de algumas pessoas, pois não conseguia acreditar que a maldade continuasse se alastrando mesmo depois de tantos sinais milagrosos vindos do céu. Por que, por exemplo, os habitantes de seu vilarejo não conseguiam aceitar a necessidade da troca dos odres velhos pelos novos que ele oferecia? Não haveria possibilidade de receber o vinho novo que ele trazia se não concordassem, primeiramente, em descartar seus odres velhos. É lá em Nazaré que o Nazareno se admirou com a falta de fé de seu povo. Foram dados tantos sinais, e a alegria era grande no coração de Jesus por ver seus conterrâneos, pessoas conhecidas de sua infância e adolescência, tendo o privilégio de receber a Boa-Nova, que vinha do Pai.

Os habitantes de Nazaré também ficaram admirados com a sabedoria de Jesus em sua pregação na sinagoga, mas não foram além disso, pois não conseguiam conceber que um igual, criado como qualquer um de seus filhos e parentes, pudesse ser tão especial aos olhos de Deus. Estaria ele louco? Sua mãe não era a Maria que foi sempre nossa vizinha? Não conhecemos seu pai José, que trabalhou na carpintaria ou na serralheria por anos aqui e na cidade vizinha de Séforis? Conhecemos sua parentela toda. Onde foi que ele aprendeu tudo isso? Quando foi que Deus o escolheu e nós não ficamos sabendo? Esses eram os questionamentos que atormentavam aquele povo. O Messias precisaria ser alguém misterioso, que não tivesse nenhum defeito. Os perfeitos vêm sempre de longe, porque ainda não nos foram reveladas suas limitações!

"E não acreditaram nele", diz Marcos (Mc 6,3b). A decepção de Jesus pode ser sentida pelas palavras e pelo contexto. Profundamente decepcionado, ele afirma: *"Um profeta só é desprezado em sua terra, entre seus parentes e em sua própria casa"* (Mc 6,4). Uma frase que vai deixar todas as pessoas amedrontadas com relação a seus lugares de origem, especialmente quando o assunto é ser levado a sério por suas ideias. Pelo fato de se fecharem à novidade dos ensinamentos do pregador, nada pôde ser feito de grandioso por aquele povo. As próprias pessoas se negaram a evoluir, e Jesus não obriga ninguém à escuta e ao seguimento. Ele exige de todos os seus ouvintes uma resposta de amor, livre, que pode ser dada somente por eles mesmos.

Diante de todos os sinais de amor vindos do céu, os corações permaneceram endurecidos. E Jesus se admira grandemente daquela falta de fé. O verbo usado em grego é *ethâumazen* (ἐθαύμαζεν) e descreve exatamente o sentimento de quem fica atordoado diante de um fato que não consegue compreender. Seria óbvia a decisão do povo que testemunhou tantas maravilhas: *"queremos ouvir o que esse homem, nosso conterrâneo, tem a nos dizer, porque é evidente que Deus assina todas as suas obras"*. Mas não, a resposta é a incredulidade gerada pelo orgulho, pela não aceitação e pela inveja.

Em Nazaré, a admiração descrita pelo evangelista não tem o mesmo significado daquela que Jesus demonstrou diante da fé grandiosa do centurião (Mt 8,10), ainda que o mesmo verbo grego tenha sido usado nessas duas passagens neotestamentárias. Nesse caso específico, ele deixou sua humanidade transparecer na alegria de espírito por ter encontrado pessoas de coração tão aberto à Palavra de Deus. A confiança e a fé geram também a estupefação, o espanto maravilhoso. No que concerne ao episódio de Nazaré, a admiração de Jesus pode ser traduzida como indignação. É certo que ele nunca mais voltaria a seu vilarejo depois desse acontecimento. Sai para não mais voltar. Assim também acontece conosco, quando vemos pessoas se fechando totalmente à misericórdia, à compaixão e à empatia. Humanamente falando, saímos indignados e queremos nos afastar dessas realidades nefastas para não mais voltar, ainda que não devamos correr dos problemas.

A adolescente queimada viva e os jovens enforcados poderiam estar conosco ainda hoje, na potencialidade de atingir seus planos e desenvolver as capacidades que o Criador lhes deu, se alguns não tivessem endurecido o próprio coração. Destruir a vida de alguém é carregar o peso da condenação para sua própria existência, pois o agressor se torna réu do sangue que derramou. A dureza dos corações vai continuar nos deixando boquiabertos, mas não podemos nos acovardar nunca diante da falta de fé e de bondade. Defendamos as vítimas e repreendamos os agressores, sempre! Afastemo-nos constantemente de tudo e todos que se coadunam com as forças repressoras e destruidoras desta terra, pois esse é o exemplo que o Mestre nos deu.

IV

JESUS TEM COMPAIXÃO

*"Vinde a mim, vós todos que estais cansados e oprimidos,
e eu vos darei descanso! Tomai sobre vós meu jugo e aprendei comigo,
porque sou manso e humilde de coração, e achareis descanso para vossas almas,
porque meu jugo é suave e meu peso, leve"*
(Mt 11,28-30).

1. Jesus se comove até as entranhas

Se soubéssemos o poder que a palavra compaixão traz em sua raiz, a humanidade estaria bem melhor do que se encontra atualmente. A ideia do colocar-se no lugar do outro é uma das mais transformadoras de nossa existência. O ministério de Jesus caracterizou-se substancialmente pela beleza dos encontros que libertavam os oprimidos, os sofredores, os excluídos, os intocáveis e os impronunciáveis. Ele se permitia sentir a dor do outro e, assim, compreendia profundamente seu interlocutor, dando-lhe caminhos para uma transformação genuína.

O latim traz *"passio, pati"*, significando *sofrer com*, que tem suas origens nas palavras gregas *páschein* (πάσχειν) e *páthos* (πάθος), que diziam respeito aos sentimentos pelos outros, como vimos anteriormente nesta mesma obra. É assim que o Senhor Deus de Israel agia com seu povo, sempre sofrendo as dores daquela gente. *"O Senhor, teu Deus, reconduzirá teus cativos, terá compaixão de ti e te reunirá de novo do meio de todos os povos entre os quais te havia dispersado"* (Dt 30,3). Ele não abandonava seus eleitos nos momentos de penúria, mas experimentava as amarguras vividas por eles. Sofria com os que estavam sofrendo. Tinha compaixão.

Nos Evangelhos, percebemos que muitas pessoas procuram Jesus para partilhar seus problemas e pedir uma bênção ou um milagre. Na passagem da Viúva de Naim (Lc 7,11-17), é ele mesmo que toma a iniciativa e vai até a pessoa que experimenta a terrível dor da perda. Interessante notarmos os riquíssimos detalhes dessa pequena perícope (recorte de texto). Havia duas multidões que se encontraram à porta da cidade, uma que seguia Jesus Cristo, feliz e cheia de esperança; outra, pesarosa e desesperançada, que vinha acompanhando o esquife do rapaz falecido. Ao perceber a profunda angústia que atormentava o coração daquela mãe, que também era viúva, Jesus se sentiu comovido no âmago de suas entranhas. É isso mesmo que o termo grego *esplanchnísthē* (ἐσπλαγχνίσθη) traz em sua raiz. Jesus experimentou a sensação de frio na barriga ou o estômago revirar, como diríamos popularmente, ao ver aquela mulher desconsolada. Sentiu a dor dela; sofreu com ela. Ele sabia que ela havia perdido tudo que possuía, pois compreendia muito bem a realidade na qual estava inserido. Uma mulher, na Palestina daquele tempo, dependia fortemente do homem para viver uma vida considerada digna. Quando se perdia o esposo, o filho primogênito ou algum dos outros filhos teria de cuidar de sua mãe para que ela não fosse abandonada e desonrada aos olhos da sociedade. Era o homem que trazia o pão e a honra para dentro do lar.

As palavras de consolo dos lábios de Jesus são simples: *"Não chores"* (Lc 7,13). Quando nos deixamos tocar pelos sofrimentos do próximo, somos impelidos a abraçar o sofredor com esperanças de confortá-los em seus padecimentos. Ele sabia disso, pois entendeu, de forma excepcional, o que significava ser humano de verdade. Ele tocou no esquife e ordenou ao rapaz que se levantasse. A morte cede lugar à vida, no momento em que a solidariedade reinou entre os seres humanos. O encontro autêntico com Jesus devolve a vida, faz cessar as lágrimas e reconstrói a esperança. O rapaz recebeu o hálito dos viventes de volta; a mãe enxugou as lágrimas amargas; e a multidão chorosa encheu-se de esperança diante de tamanha demonstração da ação divina.

A presença das pessoas compassivas nos devolve o ânimo e nos traz a calmaria, pois sentimos que não estamos sós a caminho do calvário com nossa própria cruz. Quanto conforto espiritual Jesus encontrou ao sentir a compaixão daquele Simão de Cirene (cf. Mc 15,21) ou daquelas mulheres piedosas que choravam ao contemplar seu sofrimento, colocando-se no lugar da mãe que vê um filho sendo torturado até a morte (cf Lc 23,27). E é por isso que testemunhamos a reação daquelas multidões que se encontraram diante da porta da cidade de Naim: *"O medo apoderou-se de todos e louvavam a Deus, dizendo: 'Um grande profeta surgiu entre nós, e Deus visitou seu povo'. Esta notícia espalhou-se pela Judeia inteira e por toda a região ao redor"* (Lc 7,16-17). A reverência e a estupefação encheram o coração daquelas testemunhas e, movidas pela alegria de espírito, renderam louvores ao Senhor que jamais abandona seu povo, mesmo diante do abismo da morte.

O Verbo assumiu realmente nossa carne e nos ensinou, com seus exemplos, a sermos exímios seres humanos; resta-nos ouvir e praticar seus princípios. Existe uma luta constante dentro de nós entre a compaixão e a indiferença. Quando essa última começa a fazer progresso na batalha, tornamo-nos apáticos com os sofrimentos dos outros. E essa é a explicação de existirem pessoas insensíveis às vítimas de tantos absurdos no mundo. Nos períodos de loucura da humanidade, em que a guerra se faz presente, testemunhamos a horrenda face da indiferença. Os poderosos bombardeiam indiscriminadamente civis inocentes, estraçalhando a história de vidas preciosas. A apatia, a indiferença e o menosprezo geram governantes crápulas que são capazes de esmagar nações vizinhas, destruir os que se opõem a eles e até mesmo subjugar e escravizar seu próprio povo. Exemplos temos de sobra na realidade moderna da Rússia, da China, de muitos países do Oriente Médio, europeus, africanos, asiáticos e no continente americano.

Renovemos nossa humanidade, inspirando-nos no ser humano que mais entendeu essa nossa natureza: Jesus, o Cristo.

2. Pena das multidões

A Doutrina Social da Igreja Católica preocupa-se, de fato, com a integridade da vida humana. Evangelizar os povos, batizando-os em nome da Trindade, é realmente a primeira missão da Assembleia Santa, mas Jesus jamais deixou de sentir os suplícios dos pobres e excluídos a seu redor. O Novo Testamento e a Igreja das Origens também foram sempre atentos às necessidades básicas para se viver uma vida em plenitude, com dignidade. Por isso surgiram palavras arrebatadoras como estas da Carta de Tiago: *"Meus irmãos, de que adianta alguém dizer que tem fé se não tiver as obras? Acaso esta fé poderá salvá-lo? Se um irmão ou uma irmã estiverem sem roupa e sem o alimento diário, e alguém de vós lhes disser: 'Ide em paz, aquecei-vos e comei bastante' – sem lhes dar o necessário ao corpo – de que adianta? Assim também a fé, se não tiver obras, está totalmente morta. Mas alguém poderá dizer: 'Tu tens a fé e eu tenho as obras'. Mostra-me tua fé sem as obras, mas eu, é pelas obras que te mostrarei minha fé"* (Tg 2,14-18).

Jesus pregava a Boa-Nova do Reino de Deus, preocupando-se sempre com o bem-estar de seus ouvintes. Depois de muitos dias partilhando belíssimos segredos do céu com o povo, ele percebeu o cansaço no rosto daquelas pessoas entusiasmadas. Elas tinham fome e sede, mas a esperança, que lhes enchia o coração, aplacava a violência de tais necessidades físicas. Vemos em Mateus o mesmo verbo usado por Lucas na situação da viúva de Naim, um sentimento que move as entranhas do Mestre: *"Jesus chamou os discípulos e lhes disse: Tenho pena desta multidão* (σπλαγχνίζομαι), *pois faz três dias que está comigo e não tem o que comer. Não quero mandá-los para casa em jejum, para não acontecer que desmaiem pelo caminho"* (Mt 15,32).

Crianças, mulheres, idosos, enfermos, pessoas frágeis de todas as partes se aglomeravam para receber ao menos um toque, um sorriso, uma palavra de conforto e um milagre daquele pregador itinerante. Estar perto de Jesus naqueles três dias tornou-se um perpétuo Tabor na vida daquelas pessoas. A vontade da gente pobre e oprimida era a de fazer uma tenda e ficar morando ali mesmo, onde havia acolhida e compaixão. A multidão percebia que aquele homem entendia suas angústias e seus traumas, seus sonhos e suas frustrações. Ninguém queria retornar à vida real, aquele espaço tenebroso de incertezas e lamúrias, escravidão e opressão.

E Jesus afirmou em outra passagem que conseguia sentir em sua boca o mesmo amargor que aquelas pessoas experimentavam. Um misto de compaixão e indignação invadia seu coração ao contemplar os dissabores daqueles seus irmãos, segundo a descrição do evangelista ao usar o mesmo verbo já citado aqui. *"Vendo as multidões, teve pena delas* (ἐσπλαγχνίσθη), *porque estavam cansadas e abatidas como ovelhas sem pastor"* (Mt 9,36). Como podiam viver em extrema pobreza, enquanto os dirigentes e pastores de Israel nadavam na opulência? Com certeza, os pensamentos que lhe invadiam o coração eram os mesmos que saíam da boca do Senhor Deus, pela profecia de Ezequiel: *"Ai dos pastores de Israel que apascentam a si mesmos! Não devem os pastores apascentar o rebanho? Vós vos alimentais de leite e vos revestis de lã, abateis as ovelhas mais gordas, mas não apascentais o rebanho. Não fortalecestes as ovelhas fracas, não cuidastes das doentes, não enfaixastes as que estavam feridas, não reconduzistes as dispersas. Não saístes à procura das perdidas, mas as guiastes com violência e dureza. Por falta de pastor se dispersaram, são presas de todos os animais selvagens e debandaram. Meu rebanho anda errando por todos os montes e todas as colinas elevadas; minhas ovelhas se dispersaram por toda a face da terra e ninguém vai à procura delas e se preocupa com elas"* (Ez 34,2b-6).

E essa mesma ideia torna-se clara pela voz de Deus nas profecias de Jeremias: *"Ai dos pastores que deixam perecer no abandono o rebanho de meus prados – oráculo do Senhor. Por isso, assim fala o Senhor, o Deus de Israel, contra os pastores que devem apascentar meu povo: 'Vós dispersastes minhas ovelhas, as expulsastes e não vos ocupastes delas; eis que eu me ocuparei de vós por causa da maldade de vossas ações'– oráculo do Senhor"* (Jr 23,1-2). É devido à ganância dos extremamente avarentos que multidões de miseráveis são geradas por todas as partes e em todos os tempos da história. Jesus se fez um com os pobres e desesperados. Conseguiu assumir verdadeiramente as misérias e os sofrimentos humanos para apresentar os caminhos de libertação.

Como notamos na história do Povo Eleito, o senhor Deus não se esquece de seus diletos e pune aqueles que traem a aliança de amor e justiça que ele selou. Em Miqueias, podemos perceber que a podridão da corrupção estava invadindo as cidades de Israel. Fardos cada vez mais pesados eram postos sobre os ombros dos menos favorecidos do povo. Os ricos ficavam cada vez mais ricos e usavam de falcatruas e estratégias sub-reptícias para engodar os mais ingênuos e de menores condições sociais. O Senhor Deus de Israel se indigna com tamanha injustiça e diz: *"Há ainda na casa do ímpio tesouros injustamente adquiridos e medidas diminuídas, coisa detestável? Poderei eu declarar justo quem usa balanças falsas e bolsa de pesos alterados? Os ricos da cidade estão cheios de violência e seus habitantes falam mentiras; sua língua não é mais que engano em sua boca. Também eu comecei a ferir-te, a devastar-te por causa de teus pecados"* (Mq 6,10-13).

Jesus, como um bom judeu que era, com certeza havia ouvido várias vezes as leituras dessas profecias em sua casa, pela voz de seu pai José, e na sinagoga de Nazaré, onde sua família se reunia. Olhar para aquele povo sofrido, trouxe-lhe lembranças dos rebanhos de ovelhas que ele tantas vezes viu passar guiados pelos pastores, todos muito bem conduzidos e cuidados. Aquela imagem de um povo desolado e sedento de mudanças nas estruturas sociais fez reboar em seus ouvidos a voz daqueles grandes profetas que nutriam um relacionamento profundo de amizade com Deus. O povo parecia ser *"ovelhas sem pastor"*: cansado, desesperançado e aflito. Jesus se fez um deles; ele quis assemelhar-se e pertencer àquele povo.

3. A dor dos enfermos

A capacidade para a compaixão é uma dádiva que os seres humanos trazem em seu íntimo. Esse fenômeno também pode ser estendido para o mundo animal, onde se encontram muitas evidências de solidariedade entre os bichanos; mas esse é um assunto para outro momento. Sofrer junto é um dom que parece ser comum a todos nós. Percebamos que, quando alguém que amamos está sofrendo muito com doenças ou por consequência de acidentes e tragédias, nosso corpo e nossa mente também respondem àquelas dores, como se fossem em nosso próprio ser. É fenomenal essa habilidade da qual somos munidos.

Em seu livro "Prática de Amor a Jesus Cristo", Santo Afonso de Ligório afirmava que Maria sofreu na alma todas as dores que Jesus sofreu no corpo, ao contemplar seu filho agonizando naquela cruz fatídica. E ele tinha razão nessa afirmação, pois realmente somos capazes de vivenciar em cada centímetro de nosso corpo as misérias experimentadas pelos outros, especialmente por aqueles que amamos.

Jesus permitiu que seu corpo e sua alma embarcassem nessa jornada de assumir as dores alheias em diversos momentos de seu ministério. Dentre as multidões que o seguiam constantemente, os enfermos eram os mais abundantes. Naquela época, na Palestina, até mesmo as enfermidades mais simples para os dias de hoje eram letais, tais como doenças bacterianas e fúngicas, lepra (hanseníase), úlceras, epilepsia, demência, dentre outras. O número de enfermos era muito grande, e Jesus demonstrava compaixão por aqueles pequenos, mesmo quando estava cansado pelos afazeres exigentes de seu ministério. *"Ao descer da barca, ele viu a grande multidão, teve pena* (ἐσπλαγχνίσθη) *e curou seus doentes"* (Mt 14,14). Não media esforços para levar a cura aos corpos cansados e castigados pelas doenças ingratas.

Na atualidade, percebemos uma apatia cada vez maior dos cristãos com relação a seus enfermos. Ao analisar o próprio clero, um espanto toma conta de nosso ser. Cada vez mais, os seminários formam rapazes alienados do sofrimento real do povo, dando a impressão de que nem mesmo pertencem à realidade dos caminhantes comuns da terra. Muitos padres, em especial os jovens, fogem constantemente das obrigações para com os enfermos e os enlutados. Poucos são os que vão visitar um padecente no hospital ou um moribundo de sua paróquia, levando o mesmo alívio que o Cristo lhes prometeu com sua Igreja.

Para celebrar as exéquias de um fiel defunto, é quase um milagre encontrar um sacerdote que esteja disponível.

Não constatamos a mesma situação quando analisamos as celebrações pomposas ou os rituais que trazem oportunidades para uma espórtula encorpada. Presidentes de Missas grandiosas, cerimoniários de bispos e cardeais, palestrantes para multidões e clérigos turistas que viajam pelo mundo não estão em falta, em nenhuma diocese. Por isso mesmo, percebe-se, cada vez mais, um clero desencarnado da realidade de seu próprio povo, tratando-o com frieza e desdém. São esses mesmos alienados e arrogantes, falsos pastores, que espezinham os simples, exploram os ingênuos e esmagam os críticos de suas paróquias. Já não sentem as dores dos que padecem neste purgatório presente; já não sentem compaixão. Quanto mais distantes dos crucificados, mais propensos ao egoísmo e à autossuficiência.

Jesus, por outro lado, queria libertar os enfermos de suas amarras. *"Veio ter com Jesus um leproso, suplicando-lhe de joelhos: Se queres, podes curar-me. Jesus ficou com pena dele* (σπλαγχνισθεὶς), *estendeu a mão, tocou-o e disse: Quero, fica curado!"* (Mc 1,40-41). Ele atendia o pedido dos desesperados. Quantos sacerdotes dariam a mesma resposta de Jesus a uma pessoa que padece na cama com doenças perniciosas? Haveria tempo ou vontade? Deixar-se-ia o palácio por alguns instantes? Renunciar-se-iam o fausto e o conforto por alguns momentos para levar alguma forma de alívio ao sofredor? Pensemos!

Às vezes, dá a impressão de que foram os fariseus que venceram o ressuscitado e de que a Igreja de hoje se coaduna cada vez mais com os pensamentos desse grupo antagonista; o mesmo que estava satisfeito com a teologia funesta da época, que afirmava a doença ser uma punição divina por pecados pessoais ou dos antepassados. Jesus é aquele que destrói essa nefasta narrativa criada por homens sedentos de poder. *"Ao passar, Jesus viu um homem que era cego de nascença. Seus discípulos lhe perguntaram: 'Mestre, quem pecou, ele ou seus pais, para ele nascer cego?' Respondeu Jesus: 'Nem ele, nem seus pais pecaram, mas isto sucedeu para que se manifestem nele as obras de Deus'"* (Jo 9,1-3).

Não há dúvida de que existem muitos sacerdotes fiéis a sua vocação, que é sentir a dor do povo e doar a vida inteira para poder ofertar alguma forma de alívio aos sofredores. O clero, assim como todos os cristãos, deveria ser bálsamo para um mundo ferido e marcado pelas injustiças, que clamam ao céu. Esse é o convite de Jesus: *"Vinde a mim, vós todos que estais cansados e oprimidos, e eu vos darei descanso! Tomai sobre vós meu jugo e aprendei comigo, porque sou manso e humilde de coração, e achareis descanso para vossas almas, porque meu jugo é suave e meu peso, leve"* (Mt 11,28-30). Com Jesus, rumo a uma Igreja mais compassiva e menos farisaica! A compaixão cura e forma discípulos verdadeiros, assim nos ensinou o Mestre. Toquemos as feridas dos enfermos e devolvamos a vista a tantos que não conseguem enxergar o autêntico Cristianismo na atualidade. *"Cheio de compaixão, Jesus tocou em seus olhos, e logo recuperaram a vista. E puseram-se a segui-lo"* (Mt 20,34).

JESUS TEM MISERICÓRDIA

V

"Nunca devemos considerar os homens como perdidos e sem esperança de salvação, nem deixar de ajudar como todo empenho os que se encontram em perigo nem demorar em prestar-lhes auxílio.
Pelo contrário, reconduzamos ao bom caminho os que se afastaram da verdadeira vida e alegremo-nos com a sua volta à comunhão daqueles que vivem reta e piedosamente"
(Santo Astério de Amaseia, Homilia 13, p. 108).

1. Os intocáveis

É importante percebermos quem são os abandonados de hoje. Vamos analisar brevemente quais eram os do tempo de Jesus e, então, poderemos proclamar em alta voz, sem medo, as pessoas ou os grupos cujos nomes nenhum "cristão de boa índole" encontra intrepidez de pronunciar na atualidade.

Na época de Jesus, os samaritanos eram uma das classes de israelitas desprezadas pelos conterrâneos do Sul e do Norte, devido ao fato de eles terem se imiscuído nas culturas estrangeiras no passado, em especial depois que as tropas dos reis assírios Teglat-Falasar (Tiglat-Pileser), Salmanasar V e Sargon II devastaram as regiões da Palestina, reduzindo a escombros o Reino do Norte e sua capital, em 722 a.C. Foi o Rei Sargon II que introduziu a violenta dilaceração cultural ao deportar milhares de israelitas para outras nações e trazer povos de diversas partes do mundo para repovoar a região. Os deuses estrangeiros também começaram a ser adorados nos montes altos da Samaria, o que exacerbou ainda mais a convivência entre os do Sul e os do Norte (cf. 2Rs 17,28-29). Essa mescla de culturas e povos é a gênese do ressentimento entre judeus e samaritanos que perdurará por séculos e que podemos constatar muito vividamente ainda no tempo de Jesus. Esses últimos, ainda que falassem o aramaico, com sotaques diferentes, e possuíssem o mesmo Livro da Lei nas mãos (*Torah*), eram extremamente hostis a seus irmãos do Sul, e o sentimento era mútuo.

Nas caravanas das cidades e dos vilarejos do Norte, na Galileia, rumo a Jerusalém, reinava a certeza de que o melhor caminho seria sempre aquele que se desviasse das terras polutas dos samaritanos. Davam-se a volta pela região da Pereia e, quando se aproximavam do Mar Morto, tomavam um caminho que passava por Betânia e Jericó. O próprio Jesus passou poucas vezes pela rota que cortava a Samaria e era muito consciente das rivalidades que estavam latentes no relacionamento desses dois povos. Seus discípulos expressam tamanho desgosto pelos samaritanos, quando esses se negam a dar hospedagem a eles e ao Mestre. *"Diante disso, os discípulos Tiago e João disseram: 'Senhor, queres que mandemos descer fogo do céu para destruí-los?'"* (Lc 9,54). Diante de tamanha expressão de ojeriza a um povo, Jesus adverte, repreende e admoesta. Não é esse o caminho, partamos para outras paragens e deixemos nossas rusgas de lado (cf. Lc 9,54-55).

É certo que ele pede a seus escolhidos para evitarem as rotas dos samaritanos. *"Esses doze, Jesus os enviou, depois de lhes dar as seguintes instruções: 'Não tomeis o caminho que conduz aos pagãos, nem entreis nas cidades dos samaritanos; ide, antes, às ovelhas perdidas da casa de Israel'"* (Mt 10,5-6). Ele sabe que seus discípulos precisam de tempo para entender que ninguém é excluído do anúncio da Boa-Nova. Todos têm o direito de receber a Palavra, que vem do coração do Pai, e a resposta de amor precisa ser livre. Mesmo pedindo para que posterguem a missão aos samaritanos e aos pagãos, depois de terem servido às ovelhas perdidas da Casa de Israel, Jesus não deixa de estar com esses considerados intocáveis e empedernidos no pecado. *"Chegando-se a ele, os samaritanos pediram-lhe que ficasse com eles. Ele ficou ali dois dias. E foram muito mais os que creram por causa da palavra dele próprio"* (Jo 4,40-41). Samaritanos: sujos, excomungados, excluídos, poluídos, traidores, pagãos, odiados pelos líderes religiosos encontraram um olhar misericordioso que os acolheu sem se importar com o que pensavam disso. Aprendamos!

E Jesus não para por aí. Anda com os pecadores sempre. *"Os fariseus e os escribas o criticavam dizendo: 'Este homem acolhe os pecadores e come com eles'"* (Lc 15,2). Como vimos anteriormente, ele sorri no meio daquela plebe indesejável, daquele restolho esquecido por Deus. As prostitutas e os cobradores de impostos recebiam com alegria suas palavras de esperança. E falava sem medo para aqueles que o criticavam: *"Na verdade vos digo: os publicanos e as meretrizes vos precedem no Reino de Deus"* (Mt 21,31b). Que audácia! Se fosse hoje, seria crucificado novamente pelos ultraconservadores cristãos que dizem segui-lo.

As prostitutas escancaravam uma realidade social contraditória: ainda que fossem um incômodo, existiam somente porque havia grande demanda. Em todas as sociedades patriarcais, as mulheres são transformadas em objetos de satisfação dos caprichos dos homens. E tem mais. Ainda são consideradas culpadas por satisfazerem tais caprichos. Os dirigentes da sociedade, especialmente os políticos religiosos, querem obliterar essas pessoas da sociedade. Certa vez, levaram diante de Jesus uma mulher que foi flagrada em adultério (ou ao menos assim afirmavam seus acusadores). Nessa passagem (Jo 8,1-11), vemos somente a mulher que foi guiada por um grupo de homens proeminentes, escribas e fariseus. Não há nenhuma menção sobre o varão que estava com ela, o que torna suspeita a ação daqueles acusadores. Na lei do Antigo Testamento, homem e mulher teriam de ser apedrejados ao cometerem o adultério. *"Se um homem for apanhado deitado com uma mulher casada, morrerão ambos, o homem que se deitou com a mulher, e ela também. Assim farás desaparecer de Israel o mal"* (Dt 22,22). A lei valia também para uma mulher que fosse encontrada com um homem casado, pois esse parece ser o caso dessa passagem do Evangelho, ainda que não esteja claro. Imagine se essa regra valesse para nossos dias! Jesus foi posto à prova. A misericórdia dele foi testada. Com sabedoria, ele apontou as próprias fraquezas e misérias daqueles que queriam a justiça com o sangue, mas que, no fundo, estavam cheios de segundas intenções e planos diabólicos para destruir a vida que era mais desprotegida. Jesus desmascarou aqueles que se apresentavam como arautos do pudor e da virtuosidade, salientando a podridão que havia em suas intenções mais íntimas. A misericórdia venceu. Jesus tomou as mãos da acusada e a levantou da humilhação. *"Mulher, onde estão eles? Ninguém te condenou?"* (Jo 8,10b). Aquela mulher respondeu com tanto alívio e com o coração agradecido: *"Ninguém, Senhor"*. Ao que Jesus completou: *"Eu também não te condeno. Vai e não peques mais"* (Jo 8,11b).

Jesus não teve medo de tocar as mãos daquela mulher, ainda que tenha sido acusada de adultério, o que não sabemos por certo se aconteceu realmente. Entre a lei do Deuteronômio e a misericórdia diante de uma pessoa ultrajada, o Mestre nos ensinou sempre a cultivar um coração misericordioso. *"Ide aprender o que significa: 'Prefiro a misericórdia ao sacrifício'. Com efeito, não vim chamar os justos, mas os pecadores"* (Mt 9,13). Os mordazes juízes de plantão vão protestar, com espumas na boca, que Deus é misericordioso sim, mas não devemos abusar. Que Jesus ama o pecador, mas não o pecado. Frases de efeito que mascaram uma profunda vontade de condenação àqueles que ousam errar na vida. Com as pedras nas mãos, estão preparados para lapidar os que não são perfeitos como eles julgam ser. *"Ide e não pequeis mais"* serve para todos; é um convite do coração misericordioso a todos que se abrem à transformação da vida. Os fariseus e escribas não aceitam esse conselho, e apenas saem, a começar pelos mais velhos, envergonhados por Jesus ter exposto as suas limitações em público. Com certeza, esse era o mesmo convite para aqueles homens pudicos e virtuosos: *"ide e não pequeis mais!"*

Os publicanos eram outro grupo indesejável, para o qual todos os israelitas de bem olhariam e diriam em sua mente: esses pervertidos vão sofrer a ira de Deus. A Páscoa era celebrada todos os anos em Israel, e era uma festa que comemorava a libertação do Povo Eleito da escravidão no Egito. O cordeiro imolado era para fazer memória da passagem de Deus no meio de seus escolhidos, que trouxe libertação e guiou o Povo pelo Mar Vermelho a pé enxuto, pelo deserto inclemente, até chegar à Terra Prometida. Era uma festa realmente grandiosa. No entanto os israelitas celebravam a quebra dos grilhões opressores dos egípcios ao mesmo tempo em que sentiam o peso das correntes dos romanos, esse novo Império implacável que punha um fardo pesadíssimo sobre os ombros de suas regiões vassalas! Era odioso ver aquela presença estrangeira arrogante na Terra Prometida. Todos aqueles que se associassem a eles eram tidos como traidores, como vimos anteriormente.

Por isso mesmo, os cobradores de impostos ou publicanos eram os cidadãos judeus mais odiados. Era impensável ter amizade com esse tipo de gente. Jesus, mais uma vez, quebra todas essas barreiras que o ódio constrói e chama Levi (Mateus) para pertencer a seu grupo mais íntimo (Mt 9,9; Mc 2,13-14; Lc 5,27-28). A misericórdia realmente está acima de qualquer preconceito humano e é ela que nos aproxima de Deus; ela que nos faz participar da divindade de Jesus Cristo. Ali está a condição para nossa salvação, como afirma corajosamente o papa Francisco em sua bula *Misericordiae Vultus*, de 2015: *"Precisamos sempre de contemplar o mistério da misericórdia. É fonte de alegria, serenidade e paz. É condição de nossa salvação. Misericórdia: é a palavra que revela o mistério da Santíssima Trindade. Misericórdia: é o ato último e supremo pelo qual Deus vem ao nosso encontro. Misericórdia: é a lei fundamental que mora no coração de cada pessoa, quando vê com olhos sinceros o irmão que encontra no caminho da vida. Misericórdia: é o caminho que une Deus e o homem, porque nos abre o coração à esperança de sermos amados para sempre, apesar da limitação do nosso pecado"* (Misericordiae Vultus, vatican.va).

E, para responder à questão que abriu este capítulo, vamos juntos avaliar com sinceridade quais são as pessoas e os grupos mais evitados da modernidade, sobre os quais nos silenciamos por receio das críticas daqueles que portam pedras nas mãos sempre prontos a usá-las com veemência. Acompanhemos na segunda parte deste capítulo.

2. Da miséria à Casa do Pai

O Pai Misericordioso é uma figura de tirar o fôlego, em uma parábola apresentada unicamente pelo evangelista Lucas (Lc 15,11-32). Texto bem conhecido de todos os cristãos e de muitíssimos não cristãos tem possibilitado uma variedade incontável e riquíssima de interpretações possível ao longo da história. O filho que tomou seu próprio caminho, afastando-se do pai por vontade própria, tocou o fundo do poço ao perceber que investiu toda a sua vida em desilusões e promessas efêmeras do mundo. Depois de fazer seu exame de consciência, retornou pesaroso para a casa de seu pai, também o fazendo de livre vontade. Quando os dois se encontraram, a misericórdia do pai foi muito maior do que os maiores pecados daquele rapaz arrependido. Em resposta à confissão do filho, nenhuma palavra foi pronunciada por sua boca. O reencontro era selado com beijos, abraços e objetos que simbolizavam a importância daquele filho aos olhos do pai (anel, sandálias, túnica nova, festa). Jesus revelou que o coração do Pai misericordioso é maior do que todos os erros e pecados de seus filhos e que abraça a cada um que vem a ele de livre escolha, pois o amor precisa ser gratuito e espontâneo.

Também não se pode preterir a figura do irmão mais velho, que é o símbolo do virtuoso, daquele que está sempre perto do pai, servindo à casa paterna. No entanto logo vemos que esse serviço é interesseiro e egoísta, pois quer recompensas pelo serviço que faz. Ao ver a misericórdia do pai, esse irmão mais velho tornou-se mordaz em suas críticas à atitude de misericórdia e quis agir como o juiz da causa, achando-se no direito de julgar seu pecaminoso irmão mais novo.

Assim é conosco. Muitas vezes, a Mãe Igreja, cumprindo sua missão confiada por Deus, tenta ser acolhedora e misericordiosa para com seus filhos mais relapsos. Esses, quando encontram mãos que acariciam e afagam, não se envergonham de retornar para o seio materno e experimentar a plenitude da vida em comunhão com a misericórdia divina. Porém, muitos de nós, os filhos mais velhos, que já estamos na caminhada itinerante, não suportamos a ideia de ceder nossos lugares de honra para que os demais também possam participar do Banquete da Vida. Julgamos, criticamos e nos promovemos a bastiões do bom costume.

Podemos perceber que um dos temas mais espinhosos hoje para se tratar na Igreja é a homossexualidade. Como são acolhidos esses nossos irmãos no seio da comunidade? A forma de tratá-los se assemelha muito às atitudes dos dirigentes da sociedade de Jesus para com os samaritanos, cobradores de impostos e as prostitutas. Algumas igrejas cristãs ainda prometem o inferno e uma série de horrores a crianças e adolescentes que demonstrem essa orientação sexual. Mesmo no meio cristão, piadas estigmatizantes ainda são vistas como normais e saudáveis, principalmente nos círculos masculinos. Nossos irmãos homossexuais precisam ser acolhidos na inteireza de seu ser, para que possam ter vida em plenitude como todos os filhos amados de Deus. O grande problema da Igreja e das comunidades cristãs que se dizem mais acolhedoras é a contradição nos gestos dos braços abertos e das mãos prontas para a agressão, ao mesmo tempo. Ninguém se sente bem aceito em um espaço onde as pessoas querem transformar quem você é antes mesmo de conhecê-lo. Enquanto continuarmos com olhos discriminadores e com atitudes hostis a esses irmãos, jamais poderemos progredir no diálogo frutífero sobre tal tema.

Alguns cardeais, bispos, padres e clérigos têm dado passos substanciais para ajudar na reflexão sobre a realidade da homossexualidade dentro da Igreja. São edificantes as palavras do papa Francisco, homem de fé que tem buscado incessantemente demonstrar à humanidade o verdadeiro coração misericordioso do Pai: *"A Igreja conforma seu comportamento ao do Senhor Jesus que, num amor sem fronteiras, se ofereceu por todas as pessoas sem exceção. Com os Padres sinodais, examinei a situação das famílias que vivem a experiência de ter em seu seio pessoas com tendência homossexual, experiência não fácil nem para os pais nem para os filhos. Por isso desejo, antes de mais nada, reafirmar que cada pessoa, independentemente da própria orientação sexual, deve ser respeitada em sua dignidade e acolhida com respeito, procurando evitar 'qualquer sinal de discriminação injusta' e particularmente toda a forma de agressão e violência. Às famílias, por sua vez, deve-se assegurar um respeitoso acompanhamento, para que quantos manifestam a tendência homossexual possam dispor dos auxílios necessários para compreender e realizar plenamente a vontade de Deus em sua vida"* (Amoris Laetitia, 250, vatican.va).

Sim, percebemos o esforço de Francisco em mostrar à humanidade, nessa belíssima exortação apostólica, que o amor de Jesus foi oferecido para todos, sem exceção e sem fronteiras. Se entendêssemos claramente o que ele quis dizer, mudaríamos nossa visão míope sobre uma realidade que é própria de incontável número de pessoas dentro de nossa família. Percebemos a mão dos "padres sinodais", quando lemos a ambígua frase: *"procurando evitar qualquer sinal de discriminação injusta"*. Muitos leitores podem se perguntar: o que seriam as discriminações justas com as quais não precisaríamos nos preocupar? Há alguma discriminação justa afinal? Mas Francisco reconhece que a situação é dolorosa para as famílias que enfrentam essa realidade e aconselha que todos possam, com respeito, acompanhar os processos individuais da forma com que Jesus faria.

Certa vez, uma mãe expressou tamanho desespero porque descobriu que seu filho era homossexual e que já estava em um relacionamento com outro rapaz. Para aquela senhora seu filho amoroso, companheiro e gentil tornou-se o maior dos pecadores na terra. Apresentando a pergunta se ela preferiria ver esse filho bondoso e gentil entregue às drogas, vendendo tudo o que ela tinha dentro de casa e agredindo-a diariamente, ela respondeu afirmativamente: *"preferiria vê-lo assim do que aceitá-lo como gay"*. O tempo foi passando, e ela foi assimilando a realidade que não podia mudar, mas cada passo no processo ficava ainda mais doloroso. *"Está bem, aceito que ele seja gay, mas exijo que ele viva em castidade, assim Deus pode poupá-lo das chamas do inferno"*, afirmava convictamente, com lágrimas nos olhos, aquela mãe desesperançada. Não foi isso que aconteceu. O rapaz não ia com ela para a igreja, pois não se arriscava a participar de um lugar onde as pessoas queriam destruir sua essência. A mãe sabia que ele estava em um relacionamento homoafetivo, mas não aceitava de maneira nenhuma que o filho levasse seu parceiro para dentro da casa dela. Encontravam-se esporadicamente em um restaurante. No final, até onde o autor teve contato com essa família, o maior sentimento de pecado da mãe vinha do fato de ela continuar amando seu filho e de ter começado a amar o inesperado genro, que era um rapaz de boa índole, de um coração sensível, que fazia seu filho muito feliz.

Acima está um acontecimento real, com vidas de verdade, que não aspira ao proselitismo ou à ideologização. Esse é um relato nu e cru do drama humano se desenrolando em nossos quintais, nas igrejas e nas famílias. Como pode uma mãe se sentir culpada por continuar amando seu filho?

Como é possível pensarmos que Deus vai lançar um filho amado na "frigideira" porque viveu plenamente quem ele era? Não foi Deus que nos incutiu essa maldade no coração, mas foram os seres humanos, os irmãos mais velhos que vêm segurando essas pedras ameaçadoras por séculos e séculos, incutindo na cabeça de todos os demais que os samaritanos, os cobradores de impostos, as prostitutas e os homossexuais devem ser perseguidos, excluídos, esmagados, aniquilados.

Será que alguém conseguiu ler tudo o que foi escrito acima sem logo lançar a furiosa afirmação: *"Mas eles precisam se converter, pois Deus ama o pecador e não o pecado?"* Ditos fáceis provindos de corações fechados que não querem nem mesmo pensar um minuto com mais seriedade na gravidade do assunto. As frases de efeito estão na boca daqueles que jamais se encontram com as dores reais do ser humano. Sim, queremos que o pecado seja destruído e vencido, mas o mais perfeito dos seres humanos nos ensinou a acolher com amor incondicional, a andar e a comer com os pecadores, pois é nessa caminhada e é ao redor da mesa da amizade que venceremos juntos os obstáculos que nos distanciam de Deus. E, se optarmos por fazer como Jesus, acusar-nos-ão sem receio: *"Veja, eles andam e comem com os pecadores, com certeza, é um deles"*. Se ele mesmo assumiu o risco de ser chamado *pecador* em prol dos pecadores, não temamos as pedras nas mãos dos fariseus e escribas modernos, que estão em todas as partes e em todos os níveis de nossa sociedade e de nossa Igreja.

Há outros grupos de pessoas que consideramos ser impronunciáveis na atualidade, além dos homossexuais. No entanto é evidente que a palavra que gera mais desconforto em nossas assembleias é homossexualidade. É impensável que um sacerdote fale em um sermão da dignidade do homossexual e do respeito sincero por sua vida. Esse tema é impronunciável e inadequado para um lugar sagrado como o templo, argumentam os mais afoitos. O próprio Magistério tem feito contorcionismos incríveis para tentar compreender a quantidade expressiva de clérigos homossexuais homofóbicos. Há religiosos abertamente homossexuais que perseguem implacavelmente os colegas ou os leigos com a mesma orientação. A misericórdia está se tornando tão distante da formação dos seminários e dos conventos que os rapazes e as moças vão engendrando dentro de si mesmos um ódio profundo aos homossexuais, ainda que eles próprios o sejam. O Magistério precisa olhar com carinho e sinceridade para essas pessoas que estão sendo obliteradas por séculos dentro do seio da Igreja; assim, conseguirá encontrar caminhos para a acolhida plena de todas elas, permitindo que possam viver uma vida em abundância no coração materno da *Mater Ecclesia*. Assim todos aclamarão com Santa Teresinha do Menino Jesus: *"Sim, achei meu lugar na Igreja e esse lugar, meu Deus, fostes vós quem o destes a mim. No Coração da Igreja, minha Mãe, serei o Amor. Serei tudo, portanto, desta forma, meu sonho será realizado!"* (História de uma alma, p. 116, blog.cancaonova.com).

Outro grupo que causa comoção e ojeriza aos cristãos são os ateus. Para pais religiosos, não há nada mais horripilante do que ouvir de seus filhos: *"sou ateu"*. Como lidamos com essa realidade complexa dentro das famílias e nas comunidades de hoje? Na história dos santos, não são poucos os que declararam falta de fé e sentimento de abandono com relação a Deus. Penso que todos nós, que um dia já questionamos sinceramente nossas crenças, também experimentamos o dissabor das dúvidas e a angústia das incertezas. Somos convidados sempre a acolher e a rezar por esses irmãos, na esperança de que eles possam encontrar com sinceridade a Deus em suas buscas honestas nesta vida. A comunidade de fé reza esta linda oração, na celebração litúrgica da Sexta-feira Santa, em prol dos que não creem: *"Deus eterno e onipotente, que criastes os homens para que vos procurem, de modo que só em vós descanse seu coração, concedei-lhes que, no meio de suas dificuldades, compreendendo os sinais de vosso amor e o testemunho dos crentes, todos se alegrem de vos reconhecer como único Deus verdadeiro e Pai de todos os homens. Por Cristo, nosso Senhor"*.

O testemunho dos crentes é essencial para levarmos nossos irmãos que não creem em Deus a esse encontro sublime. *Quanto ao remédio para o ateísmo, ele há de vir da conveniente exposição da doutrina e da vida íntegra da Igreja e de seus membros. Pois a Igreja deve tornar presente e como que visível a Deus Pai e a seu Filho encarnado, renovando-se e purificando-se continuamente sob a direcção do Espírito Santo* (Gaudium et Spes, 21, vatican.va). Se estivermos sempre com pedras nas mãos, prontos para desembainhar nossa adaga e cortar as orelhas dos ateus, com certeza afastaremos todos aqueles que buscam incessantemente encontrar-se um dia com o Pai Misericordioso. *"Jesus disse a Pedro: 'Põe tua espada na bainha! Não hei de beber o cálice que o Pai me deu?'"* (Jo 18,11). Ele não precisa de nossos serviços militares para defendê-lo; precisa apenas que sejamos misericordiosos como nosso Pai é misericordioso (cf. Lc 6,36).

3. Misericórdia ou rigorismo?

A misericórdia de Deus é infinita, por isso mesmo não conseguimos mensurá-la com instrumentos humanos. Por outro lado, nós, seres humanos frágeis, erramos demasiadamente e temos pouca propensão à misericórdia. Quanto menos misericordioso nosso coração for, mais distantes nos tornaremos daquela original imagem e semelhança com o Criador.

Na história do Cristianismo, vemos muitos momentos em que o rigorismo estilhaçou a misericórdia em milhões de pedacinhos. Quando Décio promoveu a perseguição sangrenta contra os cristãos, em 250 d.C., muitos seguidores de Jesus já estavam bem estabelecidos na cultura do Império Romano. Havia soldados, cidadãos de prestígio e, até mesmo, alguns nas classes dirigentes de muitas cidades. Por isso diversos deles negaram a própria fé para que não fossem processados pelas autoridades do Império e pudessem continuar vivendo uma vida normal na medida do possível. No entanto, quando a perseguição cessou e os seguintes imperadores não levaram à frente essa ideia, aqueles que abdicaram a Igreja foram considerados traidores. Entregaram-se à apostasia para evitar o martírio próprio e de seus familiares, por isso foram chamados de caídos *(lapsi)*. Os ultrarrigoristas, que seguiam a seita de Montano, da qual fazia parte o grande pensador cristão Tertuliano (que morreu fora da comunhão com a Igreja), desejavam excomungar definitivamente todos os apóstatas. Essas discussões dividiram o Norte da África e fizeram um estardalhaço em toda a Igreja espalhada pelo Império.

São Cipriano de Cartago, ainda que tenha deslizado em algumas linhas de ensinamento da fé, lembrou-se da misericórdia divina para tomar decisões acertadas concernentes aos *lapsi*. Esse Santo da grande cidade norte-africana foi contundente ao afirmar que a apostasia era de fato um pecado, mas era necessário o uso da misericórdia para com aqueles que estavam arrependidos, pois eram verdadeiros filhos pródigos, que precisavam do abraço do Pai. Ele acreditava que tudo se remediaria com algumas penitências aplicadas àqueles apóstatas, que poderiam, então, entrar em comunhão com o corpo da Igreja novamente. Pela pressão dos Montanistas, São Cipriano acabou indo para a direção errônea ao afirmar que os sacramentos ministrados pelos clérigos que foram aceitos de volta ao seio da Igreja eram inválidos, ideia condenada por todos os dirigentes eclesiais da época. Ainda hoje encontramos montanistas intransigentes implacáveis, que se prendem às rubricas e não se curvam à misericórdia em nenhuma instância.

Outra heresia que também surgiu no rastro dos Montanistas foi o Donatismo. Quando a mais violenta e cruel perseguição aos cristãos teve início em 303 d.C., com Diocleciano e Galério, até mesmo a maioria dos cidadãos romanos olhou com reprovação tal atitude do imperador. Nessa época, os cristãos já estavam absorvidos pela própria realidade do Império, participando em todos os estratos sociais. Mais uma vez, foi dado um ultimato para que renunciassem publicamente a fé e entregassem seus livros sagrados e litúrgicos para serem queimados. Aqueles que levaram os escritos e abandonaram publicamente a fé ficaram conhecidos como *traditores* (os que trouxeram, os traidores). Da mesma forma que os *lapsi* da perseguição de Décio, mais de cinquenta anos antes, os *traditores* também enfrentaram o problema da reunificação com a Igreja pós-catástrofe. Até mesmo muitos sobreviventes que testemunharam a fé, sem medo do martírio, defenderam que a Igreja deveria aceitar de volta esses irmãos que abjuraram durante as perseguições.

Os Donatistas, imbuídos do espírito rigorista dos Montanistas, eram irredutíveis com relação aos pecadores, mesmo sendo muitos deles covardes que se esconderam durante as perseguições. É fácil ser juiz, mas é difícil ser justo! Com certeza, Jesus se envergonhou de tantas barbaridades cometidas em seu nome. Além do sofrimento e do medo que todas aquelas famílias estavam vivendo, os inflexíveis juízes mundanos depositavam ainda mais ansiedade e angústia na vida delas, que além de se recuperarem de uma perseguição que deixou muitíssimas cicatrizes e destruição, nem ao menos podiam pertencer à comunidade que amavam. Sabiamente, a Igreja condenou essas atitudes excludentes dos Donatistas no I Concílio de Arles, em 314 d.C., mostrando assim que era o Cristo que ainda governava sua Esposa, com seu coração misericordioso.

E assim queremos a Igreja Católica no mundo de hoje, misericordiosa como a Trindade. Leiamos com atenção as palavras do papa Francisco: *"A pilastra que suporta a vida da Igreja é a misericórdia. Toda a sua ação pastoral deveria estar envolvida pela ternura com que se dirige aos crentes; no anúncio e testemunho que oferece ao mundo, nada pode ser desprovido de misericórdia. A credibilidade da Igreja passa pela estrada do amor misericordioso e compassivo. A Igreja 'vive um desejo inexaurível de oferecer misericórdia'. Talvez, demasiado tempo, tenhamos nos esquecido de apontar e viver o caminho da misericórdia. Por um lado, a tentação de pretender sempre e só a justiça fez esquecer que esta é apenas o primeiro passo, necessário e indispensável, mas a Igreja precisa de ir mais além a fim de alcançar uma meta mais alta e significativa"* (*Misericordiae Vultus*, 20, vatican.va).

VI

JESUS REZA

"A ele se roga, por conseguinte, na condição de Deus, e ele reza na condição de escravo. No primeiro caso, Criador, no segundo, criado, assume a condição de criatura necessariamente mutável, mas permanece imutável e faz de nós consigo um só homem, Cabeça e corpo. Oramos, portanto, a ele, por ele, nele. Falamos com ele, e ele fala conosco"
(Santo Agostinho, Sl 85, p. 476).

1. Buscando silêncio

Fosse depois de um dia repleto de trabalhos apostólicos ou antes de tomar uma decisão de maior envergadura, Jesus sempre se recolhia para lugares mais afastados e entregava-se à oração. O seu relacionamento com Deus Pai consistia em intensa confiança, pois era naquele espaço de diálogo que ele encontrava acalento para sua alma e forças para executar seus planos de missão.

Em um dos exemplos que encontramos nos Evangelhos, podemos ter um vislumbre da vida espiritual de Jesus. Depois de ter alimentado uma multidão faminta, multiplicando os poucos pães e peixes que tinha a seu dispor, ele ordenou que os discípulos entrassem na barca e os enviou para o outro lado da margem do Lago de Genesaré, enquanto ainda atendia pacientemente o restante da multidão carente que permanecia com ele. Quando já não havia mais ninguém, ele se dirigiu a um local recluso. *"E tendo-a despedido, foi ao monte para rezar"* (Mc 6,46). O verbo usado por Marcos é *proséuksasthai* (προσεύξασθαι), esclarecendo aos leitores que a ação de Jesus foi se ausentar por uns instantes da agitação de seu ministério com as multidões para buscar descanso e refrigério no diálogo íntimo com o Pai. E, nessa oração, ele também encontra forças para dar continuidade à missão de revelar a grandeza e a bondade de Deus a seus discípulos, caminhando sobre as águas naquela esplêndida noite de graças do céu.

Antes de escolher os discípulos que iriam dar prosseguimento à pregação do Reino de Deus, que ele veio inaugurar, Jesus passou a noite em uma fervorosa conversa com o Pai, pois era consciente da grandeza de tal procedimento. *"Naqueles dias, Jesus foi à montanha para rezar e passou toda a noite em oração a Deus"* (Lc 6,12). Era necessário silenciar o coração; buscar o recolhimento. Dentre aqueles que o seguiam há um tempo, surgiriam os homens que tornariam possível às demais gerações participar da Boa-Nova que ele trazia com tanto esmero. Por isso os discípulos precisariam gozar de sua confiança. Ele nos ensina a voltar o olhar para o Criador e entregar totalmente nossos projetos em suas mãos, antes de tomarmos decisões importantes na vida. Esses discípulos de confiança seriam enviados para trabalhos especiais. Seriam a extensão do coração de Jesus, especialmente para aqueles aos quais ele não conseguiria chegar durante sua vida pública. Esses serão os apóstolos (ἀπόστολος) – enviados para uma grande missão.

A vida de oração nos torna mais resilientes diante das diversas frustrações que podem nos surpreender em vida. É por esse motivo que Jesus não esmoreceu, mesmo vendo todos esses discípulos, escolhidos nos frutos da oração, abandoná-lo no momento mais doloroso de sua vida. Um deles traiu; outro negou; outros fugiram. Foi a oração, a confiança de que o Pai tinha tudo sob controle, que deu a Jesus a longanimidade para suportar todas as deserções daqueles a quem ele mais amava. Para o Pai, não há oração mais agradável do que as preces de um coração puro e fiel. Como afirma Santo Agostinho de Hipona: "*A oração que se eleva, com toda pureza, de um coração fiel, é como o incenso que sobe do altar sagrado. Não há aroma mais agradável a Deus: possamos todos os fiéis oferecê-lo ao Senhor*" (Comentário sobre os Salmos, p. 149). Sim, que possamos continuar elevando, como Jesus o fez, esse aroma refrescante e agradável, até o Pai Celestial, no silêncio do deserto espiritual tão necessário para guiar nossas escolhas na vida.

2. Evitando a fama

Cantávamos felizes na Igreja, e ainda cantamos, uma canção do Padre Zezinho que dizia: *"E seu nome era Jesus de Nazaré, sua fama se espalhou e todos vinham ver o fenômeno do Jovem Pregador que tinha tanto amor"*. De forma poética, o Padre Zezinho salientou o porquê de tamanho sucesso daquele jovem: a imensidão de seu amor. As multidões ficavam encantadas com sua mensagem e com suas obras, pois essa era a missão de Jesus: revelar o coração do Pai e o Reino dos Céus a toda a humanidade. Ele nunca quis aparecer mais do que a mensagem principal; ele jamais se colocou acima do fulcro da Revelação.

Quando alguns gregos que haviam subido a Jerusalém para festa da Páscoa foram ter com André e Filipe, expressaram o desejo com muita convicção: *"Senhor, queremos ver Jesus!"* (Jo 12,21b). A fama se espalhou que até mesmo os estrangeiros de língua grega desejavam conhecer aquele homem sobre o qual tantas maravilhas eram ditas por toda parte. E, no momento em que esses gregos foram levados ao Pregador, ele lhes anunciou a mensagem principal: *"Jesus respondeu-lhes: 'chegou a hora de ser glorificado o Filho do homem. Na verdade, na verdade, eu vos digo: se o grão de trigo, caindo na terra, não morrer, ficará só. Mas, se morrer, dará muito fruto. Quem se apega a sua vida vai perdê-la; mas quem não se importa com sua vida neste mundo vai conservá-la para a vida eterna. Se alguém me serve, siga-me! E onde estou eu, lá estará meu servidor. Se alguém me serve, meu Pai o honrará'"* (Jo 12,23-26). Ele não enfeitou as palavras para soar mais maleável ou mais agradável aos ouvintes, causando boa impressão; permaneceu sempre fiel à Missão de entregar a mensagem do Pai tal como era.

O apego à vida e às coisas terrenas afasta sempre as pessoas do altruísmo, da capacidade de doar-se inteiramente por amor. E *"Ninguém tem maior amor do que este: dar a vida por seus amigos"* (Jo 15,13). Jesus sabia que, para produzir frutos, o grão de trigo precisava cair na terra e morrer, e o convite se estende a todos nós: que sejamos frutuosos em nossa caminhada de seguimento.

Com todas essas tentações, Jesus poderia ter se deslumbrado com a fama, essa delícia que nos embriaga com tanta violência. Ser famoso é quase ser um pequeno deus entre os homens; ser adorado e glorificado por todos e em toda parte. Podemos perceber, em várias passagens dos Evangelhos, que ele era posto à prova em diversos momentos. No episódio das tentações, que veremos detalhadamente mais adiante, ele é convidado a saltar do pináculo do Templo, mostrando seu poder diante de toda a multidão. Imagine quanto frenesi ele não teria causado naquele dia. O mundo conhecido não falaria de outra coisa, a não ser do homem com superpoderes que saltou do ponto mais alto daquela gigantesca torre do templo e pôde chegar ao chão incólume, auxiliado por anjos dos céus. Quantos de nós teríamos cedido a essa tentação de ser admirado pela turba!

Os gregos e demais estrangeiros que vinham de lugares longínquos para conhecer Jesus também davam sinal de que a fama realmente havia se espalhado. E, não poucas vezes, a euforia do povo era tão grande que quiseram fazê-lo rei para governar as suas vidas, pois já não aguentavam mais a corrupção dos dirigentes políticos e religiosos da sociedade. *"Quando percebeu que eles viriam pegá-lo à força para fazê-lo rei, Jesus fugiu e voltou sozinho para o monte"* (Jo 6,15). A resposta do Pregador Fiel, diante das investidas das tentações da fama e da glória mundanas, era sempre a de recolhimento espiritual. Fugia constantemente para o silêncio da solidão, em que podia lançar-se nos braços do Pai e fortalecer suas certezas mais profundas. *"Sua fama, porém, cada vez mais se espalhava, e acorriam multidões numerosas para ouvi-lo e serem curadas de suas enfermidades. Mas ele se retirava a lugares desertos para rezar"* (Lc 5,15-16).

Nos dias atuais, podemos crescer muito com os ensinamentos desse homem que foi capaz de rejeitar todas as propostas de notoriedade, que sempre atraem a empáfia e a autossuficiência. Ele nos alerta para o perigo de nos intoxicarmos com as ilusões da fama, pois ela tende sempre a levar suas vítimas à falsa impressão de que são pequenos deuses. Assim são as celebridades na atualidade, constantemente tratadas como meios de satisfação dos outros, que as veem como objetos de adoração, escravas dos fãs. Parecem ser intocáveis, mas, no fundo, lembram aquele conto de fadas chamado O Rei está Nu, de Hans Cristian Andersen, em que um alfaiate esperto enganou o rei dizendo presentear-lhe com vestes lindas e invisíveis, que somente os inteligentes eram capazes de ver, fazendo o rei parecer um tolo, pois, na realidade, estava nu.

A angústia que muitas celebridades afirmam experienciar nos dias de hoje é causada pela indiferença dos próprios admiradores, que estão muito mais preocupados consigo mesmos. Não importa se o artista famoso quer ter privacidade para um momento especial com sua família; pouco relevante ele estar enfermo ou passando mal; não interessa se ele está triste por uma frustração ou perda. Se ele não atender o pedido de tirar uma foto ou de acenar sorridente, destruímos sua reputação. "Celebridades nojentas", gritamos uníssonos!

No fundo, o desejo de se ter fama ronda todos os corações. Até mesmo a vontade de sair em uma foto com o "ídolo" diz muito mais da vaidade do fã do que da própria celebridade. Esse "tiete" quer mostrar para sua pequena rede de amigos digitais que ele também tem importância. Para conquistar alguns *likes* ou comentários nas redes sociais, vale a pena perseguir uma foto com os pequenos deuses famosos. Mas a frustração vai continuar nos corações que buscam a fama. No fim do dia, o fã saberá que os cliques e elogios que recebeu não são por sua própria notoriedade, mas pela importância de outrem.

A frustração dos famosos e dos fãs vai continuar se perpetuando enquanto não aprendermos a ser humanos com aquele que mais entendeu do assunto. Até mesmo nós, os sacerdotes, precisamos urgentemente resgatar os exemplos do Mestre para não nos entregarmos às vaidades e às mordomias que a fama oferece. Se não cuidarmos, nosso rostinho e nossos projetos começarão a preceder nossa pregação. Somos sacerdotes para anunciar a Boa-Nova, especialmente aos pobres, como pediu Jesus; falar do Reino que ele inaugurou; e testemunharmos, mesmo com a própria vida, a fé na ressurreição e na morada eterna. Que não haja religiosos famosos, mas, se houver, que usem dessas plataformas gigantescas para que o sonho do Pai chegue a mais corações. Pobres daqueles que se aproveitam dessas grandes oportunidades na vida para agradar aos ouvintes, enquanto promovem a própria imagem! Corramos para os montes, no aconchego do colo do Pai, pois a fama é efêmera como o orvalho e destrutiva como o terremoto!

3. Orações para diversas circunstâncias

No capítulo 17 de João, contemplamos uma das mais belas orações de Jesus, demonstrando seu amor incondicional aos discípulos enquanto conversa diretamente com o Pai. A oração é longa, por isso vamos nos ater a algumas partes mais marcantes e relevantes para nosso tema. Jesus reza, e em diversas circunstâncias. Nessa oração, ele também pede por seu círculo de amizades, pois sabe que precisarão de forças para a jornada do seguimento: *"Eu não estou mais no mundo, mas eles estão no mundo, e eu vou para vós. Pai santo, guardai-os em vosso nome, o nome que me destes, para que sejam um como nós"* (Jo 17,11). Continua pedindo que eles sejam protegidos contra as investidas do Inimigo, que tentará dividir a fidelidade e esmorecer a vontade de anunciar a Palavra: *"Eu lhes dei vossa palavra, e o mundo os odiou, porque não são do mundo, como eu não sou do mundo. Não vos peço que os tireis do mundo, mas que os livreis do Maligno. Eles não são do mundo, como eu não sou do mundo"* (Jo 17,14-16). E estende sua oração a todas as gerações seguintes, deixando-nos esperançosos por também sermos contemplados em tão belíssimo hino de amor. *"Não rogo somente por eles, mas também por aqueles que, por meio de sua palavra, vão crer em mim; para que todos sejam um, assim como vós, ó Pai, estais em mim e eu em vós; para que também eles sejam um em nós, a fim de que o mundo creia que vós me enviastes"* (Jo 17,20-21).

No fim dessa oração, Jesus roga ao Pai para que tenhamos um lugarzinho em sua Casa. Quão acalentadoras são essas palavras de ternura entre o Pai e o Filho para nosso coração! Nós importamos para a Trindade, que nos quer eternamente mergulhados em seu amor: *"Pai, quero que lá onde eu estiver, estejam também comigo aqueles que me destes, para que contemplem minha glória que me destes, porque me amastes antes da criação do mundo"* (Jo 17,24). E esse pedido de Jesus veio para corroborar a promessa que já havia feito aos discípulos em alguns capítulos anteriores do mesmo Evangelho: *"Não se perturbe vosso coração! Vós credes em Deus, crede em mim também! Na casa de meu Pai há muitas moradas. Se não, eu vo-lo teria dito; vou preparar-vos um lugar"* (Jo 14,1-2).

Jesus também eleva ao Pai preces e ação de graças nos momentos de alegria, quando contempla que sua pregação começa a gerar frutos, especialmente entre os pequenos e excluídos. *"Por aquele tempo, Jesus exclamou: 'Eu vos bendigo, ó Pai, Senhor do céu e da terra, porque estas coisas que escondestes aos sábios e aos entendidos, vós as revelastes à gente simples'"* (Mt 11,25). E ainda convida à oração quando os discípulos enfrentarem o temor e o desânimo: *"Chegando lá, Jesus lhes disse: 'Rezai para não entrardes em tentação'. Afastou-se deles à distância de um lance de pedra e, de joelhos, rezava"* (Lc 22,40-41). Sobre esse diálogo sincero e doloroso que ele tem com o Pai no Horto das Oliveiras, veremos com mais detalhes quando analisarmos o sofrimento real pelo qual passou.

Nas alegrias e tristezas, nas realizações e frustrações, nas tentações e nos momentos de leveza, Jesus se confia inteiramente à bondade do Pai. A oração fortaleceu seu ministério, e ele recomendou para seus discípulos, de hoje e de outrora, que se apegassem a esse caminho seguro de diálogo com aquele que nos criou e nos ama plenamente. *"Pedi e recebereis; buscai e achareis; batei e a porta vos será aberta. Pois todo aquele que pede recebe; quem procura acha; e ao que bate abre-se a porta"* (Mt 7,7-8). Ouçamos esse conselho que vem do Verbo que se encarnou de verdade e experimentou na carne tudo o que nós experimentamos hoje. Foi Jesus que nos mostrou com seus exemplos claros e com seus conselhos que o caminho da oração é aquele que nos leva ao porto seguro. A oração mais perfeita que ele nos deixou, o Pai-Nosso (Mt 6,9-13; Lc 11,1-4), sempre foi o eixo condutor da vida dos cristãos de todos os tempos, por isso a Igreja das Origens recitava essas palavras incomparáveis do Mestre três vezes ao dia, buscando a perfeição e a fidelidade a Deus no seguimento do Filho, conforme nos acena a obra importantíssima *Ensinamentos dos Doze Apóstolos* (Didaqué). Portanto, façamos aquilo que Jesus fez e nos pediu para fazer: corramos aos montes para nos recolher e conversar com o Pai, pois *"se vós, que sois maus, sabeis dar coisas boas a vossos filhos, quanto mais vosso Pai Celeste dará coisas boas aos que lhe pedirem!"* (Mt 7,11).

VII

JESUS PERDOA

"Foi precisamente para curar nossa natureza das antigas feridas e purificá-la das manchas do pecado que o Filho Unigênito de Deus se fez também Filho do Homem, de modo que não lhe faltasse nem a humanidade em toda a sua realidade, nem a divindade em sua plenitude"
(Papa São Leão Magno, Sermo 15, De Passione Domini, p. 281).

1. Devolve a esperança e salva a vida

Jesus, um jovem nazareno, que sempre esteve muito próximo do Pai em oração, entendeu perfeitamente o que significa o perdão. Em uma de suas parábolas memoráveis, o sentido dessa palavra se torna mais diáfano que a luz do dia. Em Mateus, capítulo 18, versículos de 23 a 35, deparamo-nos com uma história magnífica; uma verdadeira joia da literatura religiosa mundial. Ele caracteriza o Reino de Deus como um rei que acerta as contas com seus empregados. Um deles, que lhe devia 10 mil talentos, foi levado a sua presença. Se considerarmos que 1 talento (τάλαντον, *registrado nesta passagem específica com a letra grega ômega em vez de ômicron* – ταλάντων) equivalia a mais ou menos 60 quilos de prata ou de ouro, saberemos que a dívida era de exorbitantes 600.000 quilos de ouro ou 600 toneladas de metal precioso, o que é totalmente impensável na vida real. O talento, nessa época específica, também equivalia a 6 mil denários, e lembramos que um denário era a moeda romana usada para pagar um dia de trabalho do operário comum. Isso quer dizer que o homem devia 60 milhões de denários àquele rei.

Podemos, agora, concluir que a quantia da dívida descrita na parábola era um número hiperbólico para que Jesus pudesse explanar de forma mais clara aos discípulos o tamanho da misericórdia necessária para perdoar exagerado débito. No Livro de Ester, a quantia de 10 mil talentos de prata também foi a proposta do pernicioso Amã ao rei Assuero para destruir o povo israelita, principalmente por seu ódio contra o justo Mardoqueu. Nesse caso, Deus mostra que a vida de seu povo é mais valiosa do que todas as riquezas da terra, e usa Ester para ser instrumento de libertação daqueles que corriam perigo de limpeza étnica. O rei Assuero descobre a verdade e poupa a vida dos inocentes. No caso da parábola, o rei também é tentado a destruir o devedor, mas, diante dos rogos e das súplicas daquele desesperado, ele resguarda a vida do suplicante.

A misericórdia não tem limites. Ela liberta até mesmo aqueles que estão condenados à morte e não veem nenhuma esperança de libertação. Como vemos na parábola, mesmo aqueles que experimentam a graça da redenção, de serem perdoados de dívidas imensas, correm o risco de não entenderem a dádiva que receberam. A punição para o devedor era gigantesca, proporcional ao tamanho da dívida: perder a própria liberdade e a presença daqueles que ele mais amava, mulher e filhos. Toda a sua descendência seria escravizada para poder pagar o que devia. A misericórdia nos liberta da escravidão. O rei sentiu realmente uma vontade enorme de perdoar àquele homem cheio de misérias e experimentou uma profunda compaixão *splanchnisthéis* (σπλαγχνισθεὶς), um termo que já observamos alhures ser, muitas vezes, usado para descrever um sentimento recorrente no coração do próprio Jesus (Mt 14,14; Mt 20,34; Mc 1,41; Mc 6,34; Lc 7,13; Lc 10,33).

Saindo aliviado da presença do rei, o servo se encontrou com um de seus companheiros, que também lhe devia uma soma bem alta para os padrões da época, o que correspondia a mais ou menos 100 dias de trabalho. Naquele momento, ele tinha nas mãos a oportunidade de transmitir a seu igual a grandeza do perdão que aprendeu da misericórdia do rei, seu superior. As mesmas súplicas saíram dos lábios daquele pequeno devedor, mas não foram ouvidas devido à surdez do coração encrudelecido do empregado injusto e ingrato, que envia o suplicante à prisão e usa da punição em vez do perdão. Algumas personagens importantes entram na trama da parábola. *"Seus companheiros, ao saberem do fato, ficaram revoltados e foram contar ao senhor o acontecido"* (Mt 18,31). É necessário que existam profetas para proteger os injustiçados e oprimidos. Esses companheiros não assistem impassíveis aos atos de injustiça e desonestidade, como muitos fazem atualmente. Ao nos silenciarmos diante das maldades que testemunhamos, compactuamos com os opressores e os destruidores.

O rei, ao saber que o empregado não foi capaz de demonstrar o mesmo sentimento diante das súplicas de um devedor desesperado, concluiu que ele não era merecedor do dom que havia recebido. *"Então, aquele senhor o chamou e lhe disse: 'Servo mau, eu te perdoei toda aquela dívida, porque me pediste. Não devias tu também ter pena de teu companheiro, como eu tive de ti?' E o senhor, indignado, mandou prendê-lo e castigá-lo, até que pagasse tudo o que devia. Do mesmo modo, meu Pai do céu agirá convosco, se cada um de vós não perdoar de todo o coração a seu irmão"* (Mt 18,32-35). E é assim o Reino de Deus, se não estamos dispostos a perdoar as insignificantes faltas de nossos iguais, não somos merecedores do perdão grandioso, que nos liberta dos infindáveis débitos que acumulamos e que nos devolve a esperança e a vida.

Portanto o perdão é a capacidade de sentir compaixão pelos devedores, ainda que suas dívidas sejam grandes, e fazer uso da faculdade que Deus nos confia de libertar o escravizado e dar esperança aos desesperançados. Esse é o significado mais profundo do pedido diário que fazemos na mais perfeita das orações, que nasceu do relacionamento de confiança entre Pai e Filho: *"Perdoai as nossas ofensas assim como nós perdoamos aos que nos ofenderam"* (Mt 6,12). Queremos nos tornar ágeis no uso constante dessa virtude divina, pois a grandeza de espírito de um ser humano está na prática constante de tal capacidade. Mas há um limite para eu exercer o perdão? E, se a dívida for muito grande, estarei apto a perdoar? *"Mas eu vos digo: Não deveis resistir aos maus. Ao contrário, se alguém te bater na face direita, oferece-lhe também a esquerda"* (Mt 5,39). O ensinamento sobre dar a outra face é a resposta de Jesus sobre os limites do perdão. Receber um tapa na face é o mesmo que alguém lhe dever 10 mil talentos, e é aí que o perdão ganha seu maior sentido: ter o poder de, pela compaixão, apagar essa dívida inacreditável.

2. Perdoar para viver em comunidade

E é exatamente no seio da comunidade que Jesus sonha com o perdão reinante. Ele reúne um grupo de seguidores diferenciados, que não deveriam se pautar sobre as regras farisaicas e as rubricas do templo. Esse novo rebanho precisa ir além das formalidades ritualísticas, tão apreciadas pelos fariseus e praticantes da religião oficial.

O perdão entre os discípulos precisa ser genuíno e decidido. Todos devem perdoar a seus companheiros até mesmo nos pensamentos, nos momentos de diálogo com Deus. *"E, quando estiverdes orando, perdoai, se tendes alguma coisa contra alguém, para que vosso Pai, que está nos céus, perdoe-vos as vossas ofensas. Mas, se vós não perdoardes, também vosso Pai, que está nos céus, não vos perdoará vossas ofensas"* (Mc 11,25-26). É uma exigência a capacidade de comunicar o perdão de Deus aos demais irmãos. Se não perdoar, o discípulo não poderá experimentar o perdão acalentador, que vem do Pai.

E o perdão mental deve ser exteriorizado pelas atitudes. *"Se, portanto, fores levar tua oferta ao altar e aí te lembrares de que teu irmão tem alguma coisa contra ti, deixa tua oferta lá diante do altar e vai primeiro fazer as pazes com esse irmão e depois volta para fazer a oferta"* (Mt 5,23-24). Jesus sonha com um novo Israel, que não esteja atrelado cegamente aos rituais e às ideias que já não respondem às exigências do Reino de Deus. Não há espaço para malquerença, rancor e dissidências nessa nova assembleia. Não se pode realizar o novo sacrifício se não houver a reconciliação. *"Sacrifício para Deus é um espírito contrito; não desprezais, ó Deus, um coração contrito e humilhado"* (Sl 51,19).

A correção fraterna é o instrumento mais poderoso no auxílio da vida de comunidade. Se os discípulos se abrirem à humildade e aceitarem ser corrigidos, os erros e as divisões serão evitados. Esse é o conselho de Jesus, que conhece mais do que ninguém o coração humano: *"Tomai cuidado! Se teu irmão pecar, repreende-o; e, se ele se arrepender, perdoa-lhe. E, se pecar sete vezes no dia contra ti e sete vezes vier a ti, dizendo: 'Estou arrependido', perdoa-lhe"* (Lc 17,3-4). Tem plena consciência de que as pessoas, mesmo seus seguidores, possuem incontáveis fragilidades, e a vida comunitária evidencia todas elas. O ensinamento é claro: irmãos vão se ofender por um motivo ou outro; não se pode ruminar palavras que machucam, pois é dever do seguidor lançá-las para bem longe do coração, não deixando que elas penetrem o recôndito do ser onde também são armazenadas as mágoas; que o perdão aconteça no mesmo dia, porque é conhecido o estrago que o ressentimento provoca na alma. Não deixemos de corrigir e repreender, mas com palavras acertadas e motivos nobres, esse é um grande testamento que a sabedoria humana de Jesus nos deixou. Tão humano que transparece o divino, que está oculto!

O coração precisa se proteger das investidas do "divisor". A mais perigosa erva-daninha que ele planta nas comunidades de seguidores é a divisão. Os corações estão sempre vulneráveis a explosões de ira e irritação. A irascibilidade provoca marcas profundas de divisões no seio das comunidades dos crentes, e é por isso que Jesus nos admoesta: *"Mas eu vos digo: Quem se irritar contra o irmão tem de responder em juízo. Quem chamar seu irmão de tolo deverá comparecer ao sinédrio. E quem o chamar de louco será condenado ao fogo do inferno"* (Mt 5,22). A ameaça é dura, pois ele sabe quais são as consequências nefastas de uma comunidade dividida. A tradução *"louco"* está correta, mas o termo grego *rhaká* (ρακά), que provém de uma adaptação da palavra hebraica *reyka* (רֵיקָא), não traz todas as nuances e possibilidades de significados. O mais certo é que Jesus estava proibindo seu uso de forma contundente entre seus seguidores por se tratar de um termo derrogatório que privava o outro de sua dignidade. Quando se usava essa palavra, o perpetrador chamava a vítima, na realidade, de pessoa sem valor, que é um lixo para a sociedade, imprestável ou inútil. Por isso a ameaça de punição acoplada à advertência. Deus não tolerará que suas criaturas, dotadas de valor e dignidade, dispam umas às outras das dádivas com as quais ele as revestiu. Para viver na nova comunidade, não se admitirá nenhum atentado contra a dignidade dos que foram escolhidos.

3. Quantas vezes devo perdoar?

Tanto hoje quanto outrora, a questão insistente continua a ser apresentada: quantas vezes devemos perdoar a nossos irmãos, sem ser considerados tremendos idiotas? Jesus, o mais perfeito dos seres humanos, não entendeu o perdão como fraqueza de uma alma. Perdoar constantemente os erros de humanos falhos é um presente que Deus dá aos fortes, e isso o Mestre compreendeu claramente. Esse ensinamento vem de alguém que foi capaz de orar e perdoar a seus próprios verdugos. Enquanto cumpriam sua missão de executar os condenados, aqueles soldados divertiam-se com passatempos ao pé da cruz. A indiferença ao sofrimento alheio provém da banalização do valor da vida. Quando não vemos importância nos irmãos, tornamo-nos insensíveis a suas dores e a seus sofrimentos. As palavras de Jesus nos atingem fortemente na consciência: *"Jesus dizia: Pai, perdoai-lhes, porque não sabem o que fazem"* (Lc 23,34a). Ele intercede ao Pai para que derrame a misericórdia sobre aqueles iguais que se tornaram seus carrascos, inebriados pela ignorância, que gera indiferença e insensibilidade. No alto da cruz, aprendemos que o perdão não conhece limites. E essa é a atitude que confirma seu mandato a Pedro, sobre perdoar infinitamente.

"Pedro aproximou-se e perguntou-lhe: Senhor, quantas vezes devo perdoar a meu irmão se ele pecar contra mim? Até sete vezes? Jesus respondeu-lhe: 'Não apenas sete vezes, mas até setenta vezes sete'" (Mt 18,21-22). É verdade que o número sete significa a perfeição e a completude diante de Deus, por isso vemos esse numeral sendo usado abundantemente no Antigo Testamento. Vejamos alguns exemplos: *"O Senhor lhe disse: 'Quem matar Caim será punido sete vezes!'"* (Gn 4,15). *"De cada animal puro, toma contigo sete casais, o macho com a fêmea; dos animais impuros um casal, o macho com a fêmea"* (Gn 7,2). *"Depois Abraão separou sete ovelhas do rebanho"* (Gn 21,28). *"(Jacó) Passou adiante de todos, prostrou-se sete vezes até o chão, até chegar perto do irmão"* (Gn 33,3). Dentre várias outras citações (Ex 13,6; Lv 8,33; Nm 8,2; Dt 16,9; Js 18,6; Jz 12,9; 1Sm 2,5; 2Sm 26,6; 1Rs 7,17; 2Rs 8,3; 1Cr 15,26; Eclo 35,13; Is 4,1; Jr 34,14; Br 6,2; Ez 3,16).

A resposta de Jesus está embasada em séculos de tradição, mas traz uma novidade. Não há somente que perdoar na perfeição e na completude, mas também infinita e incondicionalmente. Não se colocam condições para que o perdão aconteça. Não há manuais de ofensas com suas formas de perdão correspondentes. Ele apenas acontece; corre como um rio de água viva do coração daqueles que amam. O próprio Pedro vai experimentar o poder arrebatador desse presente de Deus. Ele abandonou Jesus à própria sorte quando negou aos seus inquisidores possuir qualquer conhecimento sobre o homem que estava sendo julgado naquela fria noite de quinta-feira. Depois que percebeu sua traição, debulhou-se nas lágrimas do remorso, como vimos no primeiro capítulo desta obra.

Pedro vai receber uma chance única, em seu encontro pessoal com o Ressuscitado. É aquela oportunidade que todos nós temos de conseguir o perdão para nossos 10 mil talentos de dívidas. Jesus ressuscitado pergunta a Pedro, diante de Tomé, Natanael, João, Tiago e dois outros discípulos (quem? não sabemos), se ele realmente estaria disposto a escolher o amor incondicional, capaz de esvaziar-se a si mesmo pela vida dos outros, como fez o próprio Verbo, que se encarnou. O jogo de palavras em grego perde o seu encanto quando é traduzido para outras línguas. Jesus questiona: *"Simão, filho de Jonas, tu me amas **agapás me*** (ἀγαπᾷς με) *mais do que a estes todos?"* Ele respondeu: *"Sim, Senhor, tu sabes que te amo philó se* (φιλῶ σε)*!"* A pergunta de Jesus é se Pedro o ama com um amor comunal, inseparável, de almas que jamais se apartam; a resposta do apóstolo é que ele ama verdadeiramente seu amigo, ainda que seja um amor susceptível às tentações do desânimo e do abandono. O Mestre confia a Missão: *"Apascenta minhas ovelhas"* (Jo 21,15).

Jesus vai apresentar três vezes a mesma questão, usando palavras distintas em grego para ovelhas, apascentar e amar. Um diálogo riquíssimo. Por fim, na última vez que o mestre questiona seu discípulo, ele usa o verbo na forma em que seu escolhido vinha respondendo: *"Simão, filho de Jonas, tu me amas de verdade?" philéis me* (φιλεῖς με). Pedro se entristece, pois se recorda da dívida imensa que ele tinha com Jesus e experimenta a libertação daquele fardo fatigante. *"Senhor, tu sabes tudo; tu sabes que te amo* ***philó se*** (φιλῶ σε)*!"* (Jo 21,17). Nessa dança graciosa de palavras, testemunhamos o poder libertador do perdão, que também atribui responsabilidades àquele que foi perdoado. O sonho de Jesus, o verdadeiro Filho do Homem, é que todos os seus seguidores consigam entender com profundidade a imensidão do amor incondicional *agápe* (αγάπη) que nos dá a força necessária para perdoar sempre. Passemos do amor da amizade *philía* (φιλία), que é bom e natural, mas não suficiente, para o belíssimo amor daqueles que estão dispostos a dar a vida pelos irmãos da humanidade.

JESUS SONHA

VIII

"Todos estes valores da dignidade humana, da comunhão fraterna e da liberdade, fruto da natureza e de nosso trabalho, depois de os termos difundido na terra, no Espírito do Senhor e segundo seu mandamento, voltaremos de novo a encontrá-los, mas então purificados de qualquer mancha, iluminados e transfigurados, quando Cristo entregar ao Pai o reino eterno e universal: 'reino de verdade e de vida, reino de santidade e de graça, reino de justiça, de amor e de paz'. Sobre a terra, o reino já está misteriosamente presente; quando o Senhor vier, atingirá a perfeição" (Gaudium et Spes, 39, vatican.va).

1. Uma terra sem males

É muito provável que Jesus tenha assistido a cenas horríveis em sua infância e adolescência, pois os movimentos revolucionários que denunciavam o jugo pesado de Roma eram reprimidos com muita violência. Quando o moderado fariseu Gamaliel aconselha seus pares no Sinédrio a não derramarem o sangue dos discípulos do Nazareno, ele cita algumas revoltas anteriores em que seus líderes e seguidores foram trucidados pela impetuosidade do Império. *"Pois não faz muito tempo, surgiu Teudas, que pretendia ser alguém, ao qual aderiu um bando de uns quatrocentos homens; mas foi morto, e todos os seus seguidores debandaram, e não restou ninguém. Depois, na época do recenseamento, surgiu Judas, o galileu, que arrastou muita gente atrás dele; também ele morreu, e todos os seus seguidores foram dispersos"* (At 5,36-37).

No momento em que Herodes Magno morreu em excruciante agonia por volta de 4 a.C., toda a Palestina entrou em convulsão social. Revoltas contra os romanos e seus aliados surgiam por toda parte na Judeia e na Galileia. O governador da Síria marchou contra a Galileia e a Judeia, incendiando vilas e cidades e assassinando milhares de pessoas. No relato do historiador judeu Flávio Josefo, lemos: *"Depois que Varo reuniu assim, em Tolemaida, todo o seu exército, deu uma parte dele a seu filho, ajudado por um de seus amigos, com ordem de entrar na Galileia, que está perto de Tolemaida. Ele cumpriu essa ordem, pôs em fuga todos os que quiseram oferecer resistência, tomou a cidade de Séforis, vendeu em leilão todos os seus habitantes, incendiou-a e a reduziu a cinzas"* (Antiguidades Judaicas, Livro IX, Capítulo 12, 752, p. 820). Depois de ter passado pela Samaria, chegou a Judeia onde sufocou as revoltas em todas as cidades possíveis, principalmente em Jerusalém. Enviou tropas para todos os cantos do país em que existiam sediciosos e exterminou-os com violência inaudível. *"Varo mandou em seguida uma parte de seu exército para uma cuidadosa indagação em todo o reino procurando os autores da revolta; dois mil foram crucificados e aos demais ele deixou livres"* (Antiguidades Judaicas, Livro IX, Capítulo 12, 752, p. 820).

Também Arquelau, que reinou na Judeia depois da morte de seu pai Herodes, cometeu muitas atrocidades com o próprio povo. Por isso mesmo, alguns embaixadores judeus foram reclamar ao imperador sobre o candidato ao reinado, semente do sanguinário déspota idumeu, chamado o Grande. Diz Josefo: *"... mas que ele, ao contrário, como se temesse que se duvidasse de que era filho de Herodes, tinha logo manifestado que opinião se devia ter dele, pois, sem esperar que o imperador o tivesse confirmado no reino e quando toda sua fortuna dependia ainda de sua vontade, ele tinha dado aos seus novos súditos uma tão bela prova de sua virtude, de sua moderação e de sua justiça, começando por fazer degolar no Templo em vez de vítimas, três mil homens da mesma nação; que se podia julgar por essa ação tão detestável se eles faziam mal em odiar um homem, que depois de tal crime, acusava-os de sedição e de crimes de lesa-majestade"* (Antiguidades Judaicas, Livro IX, Capítulo 12, 753, p. 821).

A Sagrada Família fugiu para o Egito pela ameaça de Herodes à vida do menino que tinha nascido. Em sua fúria, esse rei iniciou uma caçada a crianças inocentes, matando-as para evitar que alguém lhe tomasse o poder. Pelas narrativas de Josefo, podemos dar credibilidade ao episódio mateano da matança dos inocentes (Mt 2,16-18), pois somavam-se à lista de crime de tal crápula o infanticídio e o feminicídio, dentre tantas outras aberrações elencáveis. Seu filho Arquelau também inspirava terror em seu pequeno tempo de reinado. Por isso diz Mateus: *"Quando Herodes morreu, um anjo do Senhor apareceu em sonho a José no Egito e lhe disse: 'Levanta-te, toma o menino e a mãe dele e vai para a terra de Israel, pois já morreram os que estavam procurando matar o menino'. Ele levantou-se, tomou o menino e a mãe dele e voltou para a terra de Israel. Mas, quando ficou sabendo que Arquelau reinava na Judeia, em lugar de seu pai Herodes, teve medo de ir para lá. Avisado num sonho, partiu para a região da Galileia e foi morar numa cidade chamada Nazaré, para se cumprir o que fora dito pelos profetas: 'Ele será chamado Nazareno'"* (Mt 2,19-23).

Toda essa violência contra seus compatriotas marcou a memória de Jesus, pois seria natural que todos os mais velhos contassem histórias do sofrimento pelo qual Israel havia passado. Séforis, uma das cidades que vivenciou a calamidade da repressão do governador Varo, no tempo da infância de Jesus, ficava a cinco quilômetros de Nazaré. É mais do que provável que alguns amigos de José e de Maria tenham perecido nessas perseguições violentas. As marcas da aflição de um povo perpassam gerações.

Apesar de tudo isso, Jesus cresceu em um ambiente nortenho muito menos restrito do que o povo do sul. Havia, na Galileia, maior contato com pessoas de diversas procedências e culturas diferenciadas. Séforis e as cidades livres da Decápolis eram grandes redutos de falantes gregos, e não seria de estranhar que Jesus tivesse aprendido como se expressar nessa língua, ao menos em suas formas mais rudimentares. Na história das civilizações, é nítido que o encontro das culturas enriquece a capacidade de os seres humanos viverem em sociedade, mesmo com as tensões inerentes, pois a troca de conhecimento e experiências possibilita o desenvolvimento intelectual e emocional de todos os envolvidos.

Hoje podemos afirmar que Jesus demonstrava constantemente uma atitude mais tolerante e flexível diante dos desafios que seus encontros geravam, o que era comum notar naqueles habitantes de espírito leve do norte de Israel. Diante de tantos sofrimentos, tantas perseguições, tragédias que seu povo enfrentava diariamente, aquele menino, que nasceu de uma promessa divina, cultivava sonhos de uma terra sem males, onde todos pudessem viver em plenitude, em uma nação onde realmente corresse leite e mel. As diversas pregações em sua vida pública, que demonstram seus sonhos, inspiram-nos diariamente a batalhar para alcançar esse Reino prefigurado.

2. Sonhos de um Reino

Certamente, Jesus ouviu várias vezes a história da libertação de seu Povo Israel da escravidão do Egito. Essa era uma epopeia fundamental que os pais orgulhosamente transmitiam a seus filhos, e não poderia ser diferente com José e Maria. Eles possuíam o privilégio de pertencer ao Povo Eleito e de habitar na Terra Prometida. A promessa de Deus a Moisés tonitruava na memória viva de todos os judeus da época de Jesus: *"Desci para libertá-lo das mãos dos egípcios e levá-lo daquela terra para uma terra boa e espaçosa, terra onde corre leite e mel, para o lugar onde habitam o cananeu, o heteu, o amorreu, o ferezeu, o heveu e o jebuseu"* (Ex 3,8).

E é embasado nessa confiança no Pai e em sua promessa sagrada que Jesus vai investir na construção de um novo Reino, para que todos os que fossem convidados pudessem verdadeiramente saborear o leite *halab* (חָלָב) e o mel *debásh* (דְבַשׁ). Essas duas palavras trazem em seu bojo o significado de abundância, fartura e bênçãos dos céus, e são essas qualidades que ele quer oferecer no Reino com o qual sonhou e sobre o qual aprendeu do Pai.

Quais as características de tal Reino? Diante dos sofrimentos de cada dia, ensinava ele certeiramente a seus seguidores: *"Portanto, não vos preocupeis com o dia de amanhã; o dia de amanhã se preocupará consigo mesmo. Basta a cada dia sua pena"* (Mt 6,34). Um conselho singelo para que seus discípulos entendessem e abraçassem seus projetos de um Reino diferenciado: onde as pessoas vivessem intensamente a beleza do presente, sem se preocuparem com os desafios do amanhã. Ele aprendeu a valorizar sua vida, sua mãe carinhosa, que sempre lhe deu afeto, seu pai gentil e trabalhador, que estava constantemente a seu lado, seus amigos da vila de Nazaré, que ajudaram a modelar sua personalidade cortês. Jesus compreendeu profundamente o valor da vida humana e sonhava em partilhar esse segredo inestimável com a humanidade.

Nesse Reino de Deus que ele inaugurava para seus seguidores, ao qual todos eram convidados de honra, a percepção da vida era reformulada. Não havia espaço para a destruição do próximo, pois todos possuem preciosidade imensurável ante os olhos do Criador. Ainda que o mal tentasse fazer ruir as paredes espirituais desse Reino, Jesus explanava qual deveria ser a atitude de seus habitantes: *"Mas eu vos digo: Amai vossos inimigos e rezai pelos que vos perseguem, para que sejais filhos de vosso Pai Celeste, que faz nascer o sol para os maus e os bons e faz cair a chuva sobre os justos e os injustos"* (Mt 5,44-45). O sonho de um sonhador jamais morre, pois é seu espírito decidido que nos incita a ver o mundo com outros olhos; a contemplar a beleza do tempo presente.

Quando virá esse Reino de Deus? Perguntavam os fariseus afoitos. *"O Reino de Deus não vem de maneira visível. Nem se poderá dizer: 'Está aqui' ou 'Está ali', porque de fato o Reino de Deus está no meio de vós"* (Lc 17,21). É a presença dele no meio de nós que nos dá a possibilidade de vivermos genuinamente a nova vida em um Reino de paz e justiça. Em seu sonho de amor, ele gera a nova assembleia dos santos em uma terra onde correm leite e mel.

O escopo principal desse novo Reino está bem definido nas bem-aventuranças, a carta de amor que Jesus deixa à humanidade no Sermão da Montanha. Nesse sonho do Mestre, serão felizes os pobres em espírito; haverá consolação para os que choram; os não violentos receberão a terra como herança; os que têm fome e sede de justiça serão saciados; a misericórdia será para os misericordiosos; os de coração puro verão a Deus; esse novo Reino dos céus será habitado pelos de reto procedimento; os que são perseguidos e insultados por causa do nome dele terão grande recompensa nos céus; e todos os promotores da paz se reunirão eternamente, porque serão chamados filhos de Deus (cf. Mt 5,3-12).

Desde já, somos participantes desse sonho de Jesus. Nossa vocação mais legítima é a de participar da divindade do Verbo de Deus e sermos, nele, transformados em novas criaturas. Estamos experimentando em plenitude o projeto daquele jovem sonhador, que não teve medo de correr atrás de seus objetivos e lutar pelo que acreditava, inspirando-nos a não desistirmos de nossos próprios sonhos. Aproveitemos cada bênção que o Reino de Deus nos proporciona, vivendo com consciência a vocação de amar e de servir, que é própria daqueles que o assumem. O Apóstolo Paulo compreendeu bem essa verdade: *"Portanto, não seja ocasião de maledicência o bem de que gozais, pois o Reino de Deus não é questão de comida ou de bebida: é justiça, paz e alegria no Espírito Santo"* (Rm 14,16-17).

3. Testemunhas do amor

Amar a Deus com todo o nosso ser e o próximo como a nós mesmos é o centro da mensagem de Jesus. O Reino, com o qual ele sonhava, consistia exatamente nesse amor infindável. Quando, em uma conversa com um escriba intelectual, o Mestre percebe a sinceridade do coração e a abertura para o amor, ele diz: *"Não estás longe do Reino de Deus"* (Mc 12,34b). Esta é a mensagem inequívoca de que não estamos distantes do Reino de Deus: amar genuinamente.

Jesus experimentou o amor incondicional desde sua infância, pois seus pais foram capazes de renunciar todos os projetos pessoais para poder criar e educar aquela criança com o maior esmero possível. Cresceu rodeado por pessoas bondosas e amigas, na acolhedora Galileia com sua gente de coração afetuoso. De família arraigadamente religiosa, experimentou a mão acalentadora de Deus desde muito cedo. Com certeza, participava da sinagoga na pequena Nazaré na companhia das outras crianças do vilarejo que acompanhavam suas famílias. Subia a Jerusalém todos os anos com seus pais para celebrar a grandiosa festa judaica da Páscoa. Que lindo imaginar aquela caminhada extenuante de dois ou três dias, mas cheia de sorrisos e partilha entre os amigos e parentes que formavam a caravana.

Aos doze anos, idade da maturidade, ele já dava sinais de que sua vocação era cuidar dos projetos do Pai Celestial. *"Por que me procuráveis? Não sabíeis que devo estar naquilo que é de meu Pai?"* (Lc 2,49). Quanto a essa idade específica do tornar-se um adulto, encontramos corroborações no historiador Flávio Josefo. *"Quando Samuel completou doze anos, começou a profetizar, e certa noite, quando dormia, Deus chamou-o pelo nome. Pensando que era Eli quem o chamava, foi logo ter com ele"* (Antiguidades Judaicas, Livro V, Capítulo 11, 215, p. 237). Notamos que era um pensamento corrente e de comum acordo que os meninos atingissem a fase madura aos doze anos. Continua Josefo: *"A mãe de Josias, rei de Judá, chamada Jedida, era da cidade de Bozcate. Esse príncipe era tão bom e tão inclinado à virtude, que, durante toda a sua vida, se propôs a imitar o rei Davi, tomando-o como modelo. E, desde a idade de doze anos, deu prova ilustre de sua piedade e justiça, pois exortou o povo a renunciar o culto aos falsos deuses e adorar ao Deus de seus antepassados"* (Antiguidades Judaicas, Livro X, Capítulo 5, 416, p. 450).

Vemos que, nesses exemplos citados, os meninos deixam sua infância aos doze anos para realizar grandes obras da maturidade. Tornam-se homens para o serviço a Deus. Assim também seguiu Jesus essa mesma tradição, pois respondeu ao chamado divino de cuidar das coisas do Pai. E isso consistia em ser testemunha do amor aqui na terra, para a humanidade. São Francisco de Assis entendeu perfeitamente a missão de Jesus ao escrever a oração pela paz: *"onde houver ódio que eu leve o amor"*. Ele ofereceu o bálsamo do amor para aliviar as dores de uma humanidade ferida e cansada e convidou todos os que assumiam seu sonho a fazerem o mesmo: *"Ide pelo mundo inteiro e proclamai o Evangelho a toda criatura!"* (Mc 16,15). Enviou-nos para espalhar a Boa Notícia, que nos trouxe do coração do Pai, para sermos arautos do amor e da paz enquanto vivermos.

Não deixemos o sonho de Jesus fenecer ou esmorecer, pois ele confia em nossa capacidade de levarmos adiante seu Reino de amor, paz, alegria, justiça.

"Eu vos dou um novo mandamento: que vos ameis uns aos outros. Assim como eu vos amei, amai-vos uns aos outros. Nisto todos reconhecerão que sois meus discípulos: se vos amais uns aos outros" (Jo 13,34-35). Sejamos sinais desse Reino: *"Assim deve brilhar vossa luz diante dos outros, para que vejam vossas boas obras e glorifiquem vosso Pai, que está nos céus"* (Mt 5,16). Se dedicarmos nossa vida para realizar o sonho de Jesus, teremos combatido o bom combate. Que o projeto dele seja realmente nossa prioridade nesta caminhada, afinal *"onde estiver teu tesouro, aí estará também teu coração"* (Mt 6,21).

IX

JESUS É TENTADO

"De fato, Cristo era tentado pelo diabo. Em Cristo, porém, tu é que eras tentado, porque de ti Cristo assumiu uma carne, e de si te deu a salvação; de ti recebeu a morte, de si te concedeu a vida; de ti aceitou as injúrias, de si te comunicou honras; portanto de ti adveio-lhe a tentação, de si deu-te a vitória"
(Santo Agostinho, Salmo 60, p. 130).

1. "E teve fome"

Ele assumiu nossas tentações, pois se revestiu verdadeiramente da carne humana, passível de ser tentada. Jesus foi ao deserto, movido pelo Espírito Santo, para refletir sobre o ministério de sua vida pública, que estava por começar. Nesse confronto consigo mesmo, ele ouviu as vozes da tentação que queriam dissuadi-lo de tal empreitada. E é por isso que ele ensinava e ensina a seus discípulos a necessidade de suplicar ao Pai as forças necessárias para as batalhas cotidianas contra as seduções dos diversos deuses que nos rodeiam. *"Não nos deixeis cair em tentação, mas livrai-nos do mal"* (Mt 6,13; cf. Lc 11,4b).

Sua luta foi real; os esforços da humanidade, assumida por Jesus, eram verídicos. Não há encenação, como alguns santos escritores piedosos sugeriram no passado. Se dissermos que as tentações já estavam vencidas antes mesmo de pôr o Nazareno à prova, anularíamos toda a resistência e fortaleza daquele homem de Deus, e nada aprenderíamos com ele, visto não possuirmos uma natureza divina. Cheio do Espírito Santo, que lhe dava forças, e com a mente robustecida pela oração e pelas mortificações, ele foi capaz de confrontar as maiores tentações que afligem a carne, realidade que compartilhava com todos os meros mortais. Jesus é conduzido sozinho para o deserto, um cenário perfeito para as tentações.

Diz São João Crisóstomo: *"E veja para onde Jesus foi levado, quando ficou cheio do Espírito Santo; não foi para a cidade ou para a praça pública, mas para o deserto. Isso porque, querendo atrair o diabo, incita-o a vir correndo para tentar, pois sentia fome em um lugar favorável. Porque o diabo investe especialmente contra aquele que ele vê sozinho ou abandonado. Por isso, no princípio, ele foi para cima da mulher que estava longe de seu marido. Esse é o motivo de ele não ser igualmente confidente nem fazer nenhum ataque quando nos vê unidos. Assim sendo, temos a grande necessidade, como vemos neste episódio, de nos encontrar continuamente em comunidade para que não estejamos susceptíveis aos ataques do diabo"* (João Crisóstomo, Homilia 13, 1, newadvent.org).

No deserto, sozinhos, somos confrontados com as tentações internas e externas. Jesus vive uma experiência intensa de orações, jejuns e privações, durante quarenta dias. Esse período de tempo possuía, histórica e culturalmente, um simbolismo muito claro para o povo hebreu. Sempre se citava esse numeral para descrever um evento intenso vivido por algum personagem ou acontecimento bíblico. Esse é o número de dias e noites em que a terra foi castigada pelo poder das águas do dilúvio, para que pudesse se purificar da criação corrompida. *"... farei chover sobre a terra durante quarenta dias e quarenta noites; exterminarei da face da terra todo ser vivo que fiz"* (Gn 7,4). Foi o tempo de caminhada do Profeta Elias por terras áridas em sua busca da presença de Deus. *"Levantou-se, comeu e bebeu e, depois, com a força daquela comida, caminhou quarenta dias e quarenta noites até a montanha de Deus, o Horeb"* (1Rs 19,8). *"Jonas começou a andar pela cidade durante um dia e pregava: 'Daqui a quarenta dias Nínive será destruída'"* (Jn 3,4). Foi o período privilegiado que os discípulos receberam para experimentar a presença do ressuscitado em seu meio. *"A eles também, após sua paixão, Jesus apresentou-se vivo com muitas provas, aparecendo-lhes durante quarenta dias e falando-lhes do Reino de Deus"* (At 3,3), assim como foram quarenta anos de tentações vividos pelo Povo de Deus naquele deserto impiedoso até chegar à Terra Prometida. Muitas tentações acometiam aquela gente, pois o objetivo do "divisor" é sempre romper a aliança entre Deus e a humanidade. *"Os israelitas comeram maná durante quarenta anos, até entrar em terra habitada: comeram maná até chegar aos confins da terra de Canaã"* (Ex 16,35). Portanto, Jesus carregava nessa sua ida ao deserto o significado mais certeiro da tradição: viver uma experiência profunda de espiritualidade antes de iniciar uma importante missão confiada por Deus.

E, após esse tempo intenso de confronto consigo mesmo e de bravura espiritual, sentiu fome. Momento privilegiado para o tentador, pois o prazer é uma das tentações primárias do ser humano. O opositor se aproxima de Jesus e coloca seu talento na arte da sedução para tentar desviar o foco missionário daquele jovem decidido e de espírito resoluto. Lucas denomina aquela criatura de diabo (διαβόλου); Marcos o chama de Satanás (Σατανᾶ). Mateus usa ambos os termos em sua versão. Diabo significa "o que divide", "o que separa"; Satanás é uma adaptação do hebraico *satãn* (שָׂטָן), que quer dizer "hostil", "opositor", "inimigo". Ainda que no Antigo Testamento, especialmente em sua tradução grega (Septuaginta), o termo diabo sempre se relacione com o adversário das forças angélicas, e o termo Satanás como inimigo dos humanos, nesses episódios da Tentação de Cristo, as palavras se tornam sinônimas. É esse ser hostil à missão de Jesus, inimigo dos gestos de santidade, divisor das mentes e das vontades, opositor do Reino de Deus a ser inaugurado que se aproxima daquele jovem, fragilizado por uma das necessidades humanas mais básicas, e lhe oferece outro caminho menos íngreme e mais prazeroso.

A criação que José e Maria deram a seu filho começa a produzir frutos saborosos. Toda a preparação para essa batalha aconteceu na vida cotidiana em Nazaré. As preciosidades que constituiriam seu sonho sobre o Novo Reino partiram das pessoas que conviviam com ele, pois o ser humano tem essa linda capacidade de transmitir e absorver valores. Jesus nos mostra que a natureza humana é revestida da aptidão para os gestos mais sublimes, tais como compartilhar a essência de Deus e transcender suas próprias fragilidades. Foi essa fortaleza de espírito a responsável por não deixar a doce voz do diabo falar mais alto que a voz exigente da missão. *"Está escrito: 'Não só de pão vive o homem, mas de toda palavra que sai da boca de Deus'"* (Mt 4,4; cf. Lc 4,4). Essa palavra que sai da boca de Deus é duradoura e genuína, enquanto aquela que sai dos lábios do tentador é tênue e enganadora. Que, ao seguir Jesus Cristo, possamos praticar a longanimidade de espírito para conseguir resistir aos convites atraentes daquele que nos oferece prazeres inimagináveis. O mito grego de Tântalo *(personagem que foi condenado a viver no mundo dos mortos em uma poça de água que lhe cobre até o pescoço, cercado de frutas e outras delícias que jamais estão a seu alcance, perecendo eternamente de uma fome imensurável)* caracteriza bem a situação daqueles que se entregam constantemente às investidas do tentador, pois, quanto mais prazeres abraçam, mais querem abraçar, e menos saciedade conseguem em cada entrega.

2. “Reinos lhe serão dados”

O sonho de Jesus era inaugurar o Reino de Deus aqui na terra para que a assembleia de seus seguidores pudesse se tornar a *Nova Jerusalém*, a noiva santa e a morada do Verbo. *“Vi então um novo céu e uma nova terra; porque o primeiro céu e a primeira terra tinham desaparecido, e o mar já não existia. E vi descer do céu, de junto de Deus, a Cidade Santa, a nova Jerusalém, pronta como noiva adornada para o esposo”* (Ap 21,1-2). Essa era a maior aspiração de Jesus, o sonho que vinha cultivando em seu coração.

O diabo apresentou outra proposta de reino, onde o possuir riquezas infindáveis era o objetivo principal. O único gesto necessário para abraçar essa visão material do reino era desistir do sonho inicial e prostrar-se diante de um novo senhor. *“Eu te darei todo este poder e a glória destes reinos, porque me foram entregues e os dou a quem quero. Se, portanto, adorares-me, serão tuas todas estas coisas”* (Lc 4,6-7; cf. Mt 4,9). A vida de Jesus foi alicerçada nas Sagradas Escrituras, por isso não vende seus sonhos por uma promessa vã de possuir todos os bens terrenos. É certo que ele poderia ter pensado em sua pobre mãe e em seus amigos em Nazaré que viviam na escassez do básico que a vida lhes dava. Todos nós pensamos em ganhar na loteria ou receber uma herança encorpada para auxiliar os que mais sofrem, especialmente os que mais amamos. Jesus, humano como nós, exaurido de suas forças físicas depois de quarenta dias em uma experiência ascética, poderia ter se debruçado sobre a proposta atrativa do “divisor”. No entanto aqueles que cultivam com seriedade um relacionamento sincero com a Palavra de Deus são munidos de uma compreensão mais diáfana da realidade que os rodeia. Ele responde peremptoriamente: *“Está escrito: ‘Adorarás o Senhor teu Deus e só a Ele servirás’”* (Lc 4,8). E, na versão de Mateus, Jesus é ainda mais contundente, pois já não suporta esses pensamentos traiçoeiros que lhe perturbam a alma: *“Vai-te, Satanás, porque está escrito: ‘Ao Senhor teu Deus adorarás e só a ele prestarás culto’”* (Mt 4,10).

Que tenhamos a mesma coragem de Jesus para dizer às tentações que atacam nossos projetos e sonhos com Deus: *Vai-te, Satanás* (ὕπαγε σατανᾶ). Não queremos servir a nossos próprios interesses e construir o reino do egoísmo na terra, mas desejamos prestar culto e adorar somente ao Deus de Jesus Cristo, que nos dá vida em abundância em seu Reino de Amor. Que os reinos poderosos desta terra, constituídos por aqueles que venderam sua alma ao "divisor", possam ser arruinados como aquela estátua prefigurada em Daniel, pois, ainda que sejam revestidos de ouro e pensem ser indestrutíveis, a pequena pedra da humildade vai atingir seus pés de barro e causar a pulverização final (cf. Dn 3,30-45).

É essa a confiança que temos em Jesus, nossa Pedra Angular. Esperamos a deposição de todos os reinos tirânicos de nosso planeta. Países onde a repressão e o cerceamento dos direitos são corriqueiros precisam ser transformados. Há abundantes exemplos de nações que foram tomadas por ditadores sanguinários, que servem somente a seus próprios interesses, porque acolheram a proposta do diabo e prostraram-se diante dele e o adoraram. As guerras insanas entre povos e irmãos acontecem pela sede da ganância e do autoritarismo desses servidores do diabo. É tanto sangue de inocente derramado diariamente que os justos começam a duvidar de seus próprios sonhos de um Reino de Amor.

Voltaire, ainda que muito hostil à religião, define magistralmente a guerra em um de seus escritos: *"Em que se tornam e que me importam a humanidade, as benfeitorias, a modéstia, a temperança, a doçura, a sabedoria, a piedade, quando uma meia-libra de chumbo atirada a seiscentos passos me arrebenta o corpo e eu morro aos vinte anos em tormentos inexprimíveis, entre cinco ou seis mil moribundos, quando meus olhos, que se abrem pela última vez, veem a cidade em que nasci destruída pelo ferro e pela chama, e os últimos sons que meus ouvidos escutam são os gritos das mulheres e das crianças expirando sobre as ruínas, tudo em atenção aos pretendidos interesses de um homem que não conhecemos?"* (Voltaire, Cartas Inglesas, p.321).

Jesus venceu as tentações, e isso é mais do que uma inspiração para todos nós; é, na realidade, uma admoestação para que entendamos a seriedade das consequências nefastas quando elas são atendidas e assumidas como modelo do reino que sonhamos para nossa vida.

3. "Lança-te daqui de cima"

Jesus não poderia ter vencido as tentações se não tivesse lutado verdadeiramente. Como afirma Santo Agostinho de Hipona: *"Pois nossa vida nesta peregrinação não pode se passar sem tentação. Nosso progresso se realiza através da tentação. Ninguém se conhece antes de ser provado, nem pode ser coroado se não vencer, nem pode vencer sem ter combatido, nem lhe é possível lutar se não tiver inimigo e tentações"* (Santo Agostinho, Salmo 60, p. 129). Foi com aquela experiência desértica, enfrentando os pensamentos mais obscuros que lhe invadiam a alma, que o homem Jesus se conheceu mais profundamente e entendeu com mais perfeição sua missão.

A certeza preencheu seu coração: seu ministério seria um caminho de humildade, encarnado na realidade do povo, especialmente de seus membros mais sofredores e esquecidos. Sua pregação não consistiria em adornos teatrais e em palavras rebuscadas, porque sabia que esses floreios distanciariam ainda mais do projeto de seu Reino os que não receberam nenhuma instrução e nenhum privilégio na vida. Não almejaria a fama, como já vimos em capítulos anteriores desta obra. Não buscaria afago no ego, como muitos fazemos todos os dias. Suas metas estavam translúcidas e bem traçadas, e deixou isso muito claro a seu opositor.

Mostrando ter familiaridade com as Escrituras, o diabo tenta mais uma vez dissuadir Jesus de dar continuidade ao sonho da construção de um Novo Reino, citando o Salmo 90 (91): *"Se és o Filho de Deus, lança-te lá embaixo, porque está escrito: 'Ele dará ordens a seus anjos a teu respeito, e eles te tomarão nas mãos, para que não tropeces com o pé em alguma pedra'"* (Mt 4,6; cf. Lc 4,9-10). A quem Jesus redarguiu, usando as mesmas fontes sagradas: *"Também está escrito: 'Não tentarás o Senhor, teu Deus'"* (Mt 4,7; cf. Lc 4,12). Este é o ensinamento maior do Mestre para todos nós: não há necessidade de colocarmos Deus à prova a todo instante. O povo hebreu, ao ser liberto da escravidão do Egito, testemunhou milagres e mais milagres, mesmo assim, endureceu seu coração, colocando a fidelidade de Deus sempre em xeque: *"Não foi isto que te falamos no Egito, dizendo: 'Deixa-nos servir aos egípcios'? Era melhor servir aos egípcios do que morrer no deserto"* (Ex 14,12). E em outra passagem: *"Os israelitas lhes disseram: 'Oxalá tivéssemos morrido pela mão do Senhor no país do Egito, quando nos sentávamos junto às panelas de carne e comíamos pão com fartura! Pois nos trouxestes a este deserto para matar de fome toda esta multidão'"* (Ex 16,3). A resposta ao diabo é uma decisão de não repetir as atitudes daqueles que sempre receberam as graças de Deus, mas nunca estavam satisfeitos, murmurando e reclamando em toda e qualquer ocasião.

Não tentemos nosso Deus, pois ele é fiel a sua aliança. Afastemo-nos da teatralidade na evangelização, pois assim evitaremos o risco de falar mais de nós mesmos do que da própria mensagem da Revelação. Em um mundo de seguidores, legiões de admiradores, curtidores e fã-clubes, a tentação do jactar-se, do blasonar-se, do ufanar-se e do aparecer é realmente poderosa em nossa mente. Escutaremos sempre: *"lança-te daqui para que os anjos te carreguem nos braços diante das multidões!"* As vozes vão sussurrar sempre: *"entregue-se à vida de celebridade, pois não há nada mais doce do que esse caminho! Fuja dos pobres, dos excluídos, dos 'leprosos', dos contaminados... lança-te para a fama!"* Jesus, o homem de verdade, rejeitou esses convites e nos ensinou a trilhar o mesmo caminho.

Despois de todas essas investidas terem falhado, Lucas diz que o diabo se afastou dele até um outro momento oportuno *kairoú* (καιροῦ) (cf. Lc 4,13). Aquela batalha foi vencida, mas o tentador retornaria em muitas ocasiões propícias para tentar demover a contumácia daquele jovem em construir um Reino de esperança nos territórios que lhe pertenciam. Até mesmo o diabo sabe aproveitar-se do tempo oportuno para colocar seus planos em ação! Que nós não fiquemos atrás e assumamos o *kairós* de Deus em nossa caminhada de Igreja para concretizar o sonho de Jesus no mundo de hoje. Saibamos, no entanto, que o diabo vai tentar nos desestimular, constantemente, de lutar pelo Reino de Deus. Lembremo-nos disso!

JESUS ADVERTE

X

"É, sem dúvida, o banho da regeneração que nos torna criaturas novas; mas todos têm necessidade de se renovar a cada dia para evitarmos a ferrugem inerente à nossa condição mortal, e não há ninguém que não deva se esforçar para progredir no caminho da perfeição; por isso todos, sem exceção, devemos empenhar-nos para que, no dia da redenção, pessoa alguma seja ainda encontrada nos vícios do passado"
(Papa São Leão Magno, Sermo 6, p. 50-51).

1. Na mesma medida

Essa afirmação de São Leão Magno sempre foi a certeza e o ensinamento primordial do Cristianismo. Jesus veio nos revelar o Pai querido, que recebe seus filhos de braços abertos, quantas vezes for preciso. Como afirma o papa Francisco: *"Deus nunca se cansa de perdoar, somos nós que nos cansamos de pedir Sua misericórdia"* (Evangelii Gaudium, p. 10). Assim como o filho pródigo, é urgente que façamos nossa caminhada de arrependimento e escolhamos abandonar o chiqueiro, pois desempenhamos uma parte ativa em nossa salvação. É falso o caminho, apresentado por pessoas descomprometidas com a verdade, de que a salvação já foi dada por Deus a todos, quando seu Filho se entregou na cruz, e de que não precisamos fazer absolutamente nada no processo. Jesus falou com dureza, diversas vezes nos Evangelhos, para que seus ouvintes não se iludissem, pensando ser fácil o caminho. *"Perguntou-lhe alguém: Senhor, são poucos os que se salvam? Ele respondeu: Esforçai-vos por entrar pela porta estreita, porque eu vos digo que muitos procurarão entrar e não vão conseguir"* (Lc 13,23-24).

Assim, ele nos deixa os princípios que constituem o Reino, que veio inaugurar. Não queria seguidores mesquinhos, que destratassem e diminuíssem a dignidade dos irmãos. Nessa nova ideia de comunidade, ninguém tem o direito de ser juiz nem de escravizar seu irmão. *"Não julgueis os outros, e Deus não vos julgará. Pois, com o mesmo critério com que julgardes os outros, sereis julgados. E a mesma medida que usardes para medir os outros será aplicada também a vós"* (Mt 6,1-2). Aos que se autointitulam o direito inerente de julgar o próximo, a advertência é severa, pois serão julgados da mesma forma; pagarão na mesma moeda. Portanto, se não demonstrarmos entendimento profundo, compaixão, misericórdia e paciência no momento de proferirmos um juízo sobre alguém, assim também seremos tratados no encontro definitivo com Deus.

Também não há espaço para escândalos neste Novo Reino. *"Depois, disse Jesus a seus discípulos: É inevitável que venham os escândalos; mas ai daquele que os provoca! Seria melhor para ele que lhe amarrassem ao pescoço uma pedra de moinho e o atirassem ao mar do que escandalizar um só destes pequeninos!"* (Lc 17,1-2). Jesus é zeloso com os pobres, pois viveu na pele essa dificuldade aqui na terra. Sabe das privações, humilhações e desilusões às quais eles são submetidos a todo instante. A exortação é cristalina: não haverá frescor para aqueles que pisam nos pequenos e nos humildes, conforme vemos na parábola do frívolo rico e do pobre Lázaro (Lc 16,19-31). Ai daqueles que provocarem os escândalos!

A mensagem de Jesus é inconfundível, pois nos convida a assumir seus sonhos que traz do coração do Pai. No entanto o seguimento é exigente e austero. Se livremente rejeitarmos suas propostas, trilharemos outros caminhos que não nos levarão à presença eterna de Deus. A mensagem do Mestre é a mesma que Deus faz para seu povo eleito no Antigo Testamento: *"Tomo hoje por testemunhas contra ti o céu e a terra de que te proponho a vida e a morte, a bênção e a maldição. Escolhe a vida, para que vivas tu e tua descendência, amando o Senhor, teu Deus, obedecendo a sua voz e a ele aderindo, porque ele é tua vida e te dá vida longa, para que possas morar na terra que o Senhor jurou dar a teus pais, Abraão, Isaac e Jacó"* (Dt 30,19-20).

Nossa caminhada é feita de escolhas, e há consequências quando as fazemos. Se não perdoarmos a nossos irmãos, não nos abriremos ao perdão de Deus e teremos de enfrentar as consequências. *"Na verdade, eu te digo: de lá não sairás, enquanto não pagares o último centavo"* (Mt 5,26). Se não tivermos responsabilidade para cuidarmos da vinha que nos foi confiada, perderemos essa dádiva. *"Voltará, exterminará esses lavradores e dará a vinha a outros"* (Lc 20,16a).

2. Jogado para as trevas

Algumas advertências de Jesus indubitavelmente nos assustam. São muitíssimas vezes, nos quatro Evangelhos, que ele nos acautela de que nossos atos e nossas escolhas trazem consequências em seu bojo. Os que traem a confiança de Deus; os que não se esforçam para a construção do Reino; os que tentam tomar o lugar de Deus; os que enganam e seduzem os inocentes; todos esses serão lançados na escuridão. É certo que o sujeito do amor, receando perder o amado, usa de ferramentas inusitadas para salvaguardar aquele ou aquilo que lhe é caro. Às vezes, Jesus exorta inflexivelmente porque receia perder aqueles que ama. Assim é conosco. Os pais fazem duras bravatas aos filhos para que esses não se desvirtuem ou escolham caminhos sombrios, como o das drogas e da irresponsabilidade sexual; os esposos, os confrades, os amigos, os patrões, todos usamos de alocuções mais ríspidas na esperança de persuadir nossos amados a não abandonarem os caminhos corretos da vida.

Os discursos de Jesus aos discípulos e aos ouvintes em geral são mais do que claros. Ameaça de choro *klauthmos* (κλαυθμὸς) e de ranger de dentes *brygmos tōn odontōn* (βρυγμὸς τῶν ὀδόντων) são comuns em várias passagens, especialmente em Mateus e Lucas. O auge do sofrimento é ser lançado na escuridão, em que o pranto incessante e o pavor serão as regras de vida. Essa é uma descrição vívida da ausência total de Deus, que é luz e acalento para a alma: "*... enquanto os filhos do Reino serão tocados para fora, nas trevas. Lá eles vão chorar, rangendo os dentes*" (Mt 8,12). "*Então o rei ordenou aos servos: 'Amarrai seus pés e suas mãos e jogai-o lá fora na escuridão. Lá haverá de chorar, rangendo os dentes'*" (Mt 22,13). "*... e o castigará duramente, dando-lhe o destino dos hipócritas. Lá haverá de chorar, rangendo os dentes*" (Mt 24,51). "*Quanto a esse empregado inútil, jogai-o lá fora, na escuridão. Aí haverá de chorar, rangendo os dentes*" (Mt 25,30). "*Mas ele vos responderá: 'Não sei de onde sois; afastai-vos de mim vós todos que praticais a iniquidade!' Então chorareis, rangendo os dentes, quando virdes Abraão, Isaac, Jacó e todos os profetas no Reino de Deus, e vós, tocados para fora*" (Lc 13,27-28).

São bem compreensíveis para a Igreja esses ensinamentos de Jesus, afinal, aqueles que cometem a iniquidade aqui na terra precisam ser responsabilizados por seus atos. Imagine só dizer que aqueles políticos corruptos, que desviam todo o orçamento da saúde, da segurança e da educação para os próprios bolsos, fazendo constantes conluios para que seus salários sejam cada vez mais altos, usando de artimanhas para manipular a grande massa, vão passar com tranquilidade pela porta estreita! O sangue de Jesus salva a todos os que aceitam ser salvos, assim como ele nos demonstrou ao acolher imediatamente o ladrão, que se lançou livremente à conversão. Sem mover uma pena para a transformação da própria vida, a porta estreita será uma barreira e tanto!

Se todos esses alertas de Jesus fossem apenas pedagógicos, a Igreja não ofereceria momentos profundos para a conversão, tais como os retiros e a Quaresma. Não insistiríamos na necessidade do Sacramento da Reconciliação, especialmente aos pecadores empedernidos, e não nos preocuparíamos com as profecias para denunciar os déspotas vampíricos delinquentes, que se alimentam do sangue dos pobres e indefesos e perseguem os que se lhes opõem. Esses receberão a parte que lhes é devida quando o dono da vinha retornar. *"Agarrando-o, mataram-no e o lançaram fora da vinha. O que fará o dono da vinha? Virá, exterminará os lavradores e dará a vinha a outros"* (Mc 12,8).

3. No fogo do inferno

O Vale do Hinom, ou Enom, *Geh Ben-Hinom* (גֵּיא בֶן הִנֹּם), em grego *Geena* (Γέεννα), nos arredores de Jerusalém, tornou-se um lugar ignominioso aos olhos dos israelitas, pois ali se depositavam corpos de indigentes e criminosos e o lixo da cidade que foi acumulando um odor pestilento com o tempo. Seria um cemitério de indigentes e malfeitores e um lixão a céu aberto. Vez e outra, era necessário incinerar os resíduos que ali se ajuntavam, e isso fazia daquele espaço uma metáfora muito apropriada para descrever o merecimento final dos iníquos e ímpios aqui na terra.

Esse terreno também trazia em sua história os horrores descritos em tempos passados, de sacrifício de crianças. Outro termo usado para esse ato ignominioso é holocausto, que vem do grego e do latim (ὁλόκαυστος, *holocaustum*), e significa queimar inteiramente, ou seja, permitir que algo seja consumido totalmente pelo fogo. De acordo com o Segundo Livro das Crônicas, fonte básica para esses relatos, alguns reis fizeram ofertas de vidas inocentes para *Moloch, Mōlek* (מֹלֶךְ), uma deidade canaanita. *"Acaz tinha vinte anos quando começou a reinar e reinou dezesseis anos em Jerusalém. Não fez o que é agradável aos olhos do Senhor, como o havia feito Davi, seu antepassado. Imitou a conduta dos reis de Israel e até mandou fazer estátuas de metal de Baal, queimou perfumes no vale dos filhos de Enom e fez passar seus filhos pelo fogo, segundo os costumes abomináveis das nações que Javé tinha expulsado da frente dos israelitas. Ofereceu sacrifícios e incenso nos lugares altos, nas colinas e debaixo de toda árvore verdejante"* (2Cr 28,1-4; 2Rs 16,1-4). Precisamos levar em consideração também que Acaz não era visto com bons olhos pelos autores dos livros dos Reis e das Crônicas, talvez pelo sucesso de seu reinado e do envolvimento com uma mulher fenícia poderosa, sua esposa Jezebel. No entanto, as menções sobre sacrifícios de crianças são constantes em diversas partes do Antigo Testamento, o que dá credibilidade a tal fato (Lv 18,21; 20,2; Dt 12,31; 18,10; 2Rs 16,3; 17,17.31; 21,6; 2Cr 28,3; 33,6; Jr 7,31; 19,5; Ez 16,21; 20,26; 23,37).

O vale onde se sacrificavam inocentes almas a um deus estrangeiro, e que o rei Josias transformou em terreno amaldiçoado ao espalhar em sua superfície ossos e lixos (2Rs 23,10), era a imagem recorrente usada por Jesus para convencer seus ouvintes do fim miserável daqueles que não abraçam a Boa-Nova do Reino e se dedicam a criar um império de ódio, guerras, falcatruas, violência, injustiça, iniquidade e egoísmo aqui na terra. Por isso o chamado para arrancar o pecado das almas é contundente. *"E, se teu olho te leva a pecar, arranca-o; é melhor entrares no Reino de Deus com um só olho do que ser lançado com dois olhos na geena, onde seu verme não morre e onde o fogo não se apaga"* (Mc 9,47-48). Jesus não fala com floreios nem usa luva de pelica para agradar a seus ouvintes; ele proclama as exigências do seguimento para a construção do Reino. *"Pois é melhor perderes uma só parte do corpo do que teu corpo inteiro ser jogado no inferno" eis geennan apelthē* (εἰς γέενναν ἀπέλθῃ) (Mt 5,29-30). Aquele vale do opróbrio tornou-se sinônimo do fim miserável, o inferno.

Para o imaginário daquele povo que ouvia o Mestre, as metáforas eram claras. Ninguém gostaria de ser esquecido naquele vale imundo, com os criminosos e indigentes, na pestilência e no fogo que nunca se apaga, sendo corroído eternamente por vermes e devorado por animais selvagens. O imagético realmente é muito convincente. *"O Filho do homem vai enviar seus anjos para retirarem de seu Reino todos os escândalos e os que praticam o mal; vão lançá-los na fornalha ardente eis ten káminon tou pyrós* (εἰς τὴν κάμινον τοῦ πυρός), *onde haverão de chorar, rangendo os dentes. Então os justos brilharão como o sol no Reino de seu Pai. Ouça quem for capaz!"* (Mt 13,41-42).

A fornalha ardente (κάμινος τοῦ πυρός) também era um símbolo eficaz para o entendimento do povo. Ninguém quer acabar dentro de uma chama que consome a carne entre dores inexprimíveis. Por isso, a necessidade de abraçar o apelo do Mestre é urgente. *"Assim será no fim do mundo: virão os anjos para separar os maus do meio dos justos e lançá-los na fornalha ardente, onde vão chorar, rangendo os dentes"* (Mt 13,49-50). E Jesus exige de todos os seus seguidores que sejam ativos no auxílio para a concretização de seus sonhos de um Reino de Amor. Aqueles que não produzirem frutos não contribuirão com essa empreitada. *"Se alguém não permanece em mim, será lançado fora como o ramo, e ele seca. Os ramos secos são recolhidos e lançados ao fogo para se queimarem"* (Jo 15,6).

JESUS DESAFIA OS PODEROSOS

XI

"Herodes ficou todo alegre ao ver Jesus; porque desde muito tempo desejava vê-lo, pois tinha ouvido falar dele e esperava vê-lo realizar algum milagre. Começou a dirigir-lhe numerosas perguntas. Jesus, porém, nada lhe respondeu. Entretanto, os sumos sacerdotes e os escribas mantinham-se lá, acusando-o com veemência. Herodes, com seus guardas, desprezou-o e escarneceu dele, mandando revesti-lo de uma túnica brilhante; devolveu-o depois a Pilatos" (Lc 23,8-11).

1. Sem medo das raposas

O que podemos notar rapidamente na leitura dos Evangelhos é que Jesus não tinha receio nenhum em apontar o dedo para a hipocrisia dos violentos e das autoridades. *"Não tenhais medo daqueles que matam o corpo, mas não podem matar a alma. Temei, antes, aquele que pode fazer a alma e o corpo perecerem na geena"* (Mt 10,28). Essa é a profecia intrépida que aprendemos do Verbo, que se encarnou de verdade e assumiu com perfeição essa natureza tão misteriosa e repleta de nuances.

Por exemplo, quando os fariseus, obstinados adversários da pregação do Galileu, trazem notícias de que Herodes Antipas procurava matá-lo, Jesus não hesita em enfrentar essas ameaças, retorquindo aos mensageiros de mau agouro: *"Ide dizer àquela raposa: eu expulso demônios e realizo curas hoje e amanhã; e no terceiro dia sou consumado. Devo, porém, continuar meu caminho hoje, amanhã e no dia seguinte, porque não convém que um profeta morra fora de Jerusalém"* (Lc 13,32-33). Chamar o Rei Herodes de raposa *alōpeki* (ἀλώπεκι), o mesmo que matou João Batista, era menosprezar a almejada grandeza humana que acomete os sedentos de poder. Esse animal era o símbolo da astúcia nos tempos antigos, mas, com a progressão da cultura talmúdica, chamar alguém de raposa começou a ter o significado de diminuir a importância de tal pessoa. Nesse caso, Jesus estava afirmando aos fariseus que não se importava com as ameaças do rei e que iria cumprir sua missão até o fim, atingindo a completude de sua natureza humana. *"Porque desci do céu não para fazer minha vontade, mas a vontade daquele que me enviou. E a vontade daquele que me enviou é esta: que eu não perca nenhum dos que ele me deu, mas que os ressuscite no último dia. Porque esta é a vontade de meu Pai: que todo aquele que vê o Filho e nele crê tenha a vida eterna; e eu o ressuscitarei no último dia"* (Jo 6,38-40).

Seguindo a caminhada rumo a Jerusalém, Jesus continuava seus ensinamentos e não deixava que nada nem ninguém o demovesse de seus propósitos. Mais uma vez, vemos o diabo tentando incutir medo e dúvidas nos planos certeiros do Mestre, o qual está pronto para assumir todas as consequências que a fundação de um Novo Reino poderia trazer: *"porque não convém que um profeta morra fora de Jerusalém"*.

As raposas continuam tentando cercear a capacidade dos seguidores de Jesus de ser, como ele, luz e sal no mundo. A Igreja faz sua opção pelos pobres e decide estar do lado dos crucificados, e os ditadores espalhados pelo planeta fazem de tudo para abafar sua profecia. Muitos poderosos tentam chantagear os seguidores de Cristo que mais incomodam seus regimes autoritários; investem em perjúrios, calúnias, mentiras, difamação e intrigas para minar os profetas que falam pelo poder do Espírito Santo. Vestem-nos de túnica brilhante e zombam deles. Aplicam um esforço hercúleo para esfriar o ímpeto profético da Igreja e de seus membros. As raposas soberanas renovam diariamente suas táticas para se livrarem do incômodo que os verdadeiros seguidores de Jesus apresentam. É muito mais fácil fazer aliança com o clero do que se tornar inimigo dele, e muitos governos tirânicos ao redor do planeta já aprenderam essa técnica. Há igrejas, religiões e comunidades totalmente aparelhadas aos podres regimes sanguinários em várias nações. Clérigos que abençoam armas de guerra; que comem à mesa dos governantes narcisistas; que são padrinhos das máfias e dos narcotráficos modernos; que se aliançam com os escravizadores e destruidores de vidas inocentes; que vendem sua alma aos políticos. As raposas são astutas, e percebemos que elas conseguem criar as galinhas como filhas, para depois devorá-las sem nenhuma objeção. Aprendamos com Jesus e não façamos concessões a nenhum Herodes em nossa vida.

2. Desmascarando a hipocrisia religiosa

É certo de que a atitude mais inusitada que levou Jesus àquele fatídico fim na cruz foi o questionamento às estruturas religiosas de seu tempo. O fanatismo religioso matou o Homem mais perfeito dentre todos os demais que já assumiram igualmente a natureza humana. O novo sempre nos enche de temor, por isso somos avessos a alterações nas estruturas seguras nas quais estamos inseridos. Mudar de emprego, de cidade, de país, de casa, de profissão, tudo isso é muito doloroso e exige grandes sacrifícios. O mais natural é se apegar às velhas estruturas, pois, ainda que sejam antiquadas, funcionam, ao menos, para uma minoria.

Jesus teve embates apaixonados contra os fariseus, os saduceus, os herodianos e os escribas (mestres ou doutores da lei). A cada instante, um grupo tramava a queda daquele pregador com sotaque galileu. Que absurdo, um caipira do norte tentando ensinar os verdadeiros judeus do sul os valores da vida! ... teriam pensado várias vezes aqueles opositores de Jesus. Devemos salientar que os judeus piedosos, especialmente os fariseus, não eram pessoas más, que praticavam a maldade por prazer. Não, eles eram pessoas que tentavam viver uma fidelidade límpida a Deus, seguindo os 613 preceitos entregues a Moisés. O peso da consciência era algo corriqueiro na vida dessas pessoas que carregavam tão pesado fardo. A lei formal, ainda mais quando em excesso, gera insatisfação e ansiedade naqueles que jamais serão capazes, por limitação humana, de cumprir todas elas. Quando não conseguimos honrar nossos compromissos, a frustração interna busca alvos, nos quais seja possível descarregarmos nossa tensão. Jesus, com seu relacionamento aprazível com o Pai, engendrava naqueles corações pesados a ira da inconformidade. Com certeza, eles se perguntavam a todo momento: *"por que ele não cumpre as leis e não sofre as frustrações como nós?"* Às vezes, o ser humano não suporta a felicidade alheia!

Jesus não hesita em apontar cruamente os defeitos graves de tal sistema aprisionador. Muitas daquelas leis foram inventadas pelos dirigentes do povo em determinadas épocas e não por Deus, por isso elas não deveriam ser tratadas como infalíveis. Para provar que não trazia nenhuma apreensão em suas atitudes, ele desafia o dogma mais bem estabelecido, encouraçado contra todo tipo de crítica, que era o guardar o dia de sábado. Nessa empreitada perigosa, ele revela qual é o verdadeiro sentido dessa lei: servir ao crescimento do ser humano. *"E dizia-lhes: 'O sábado foi feito para o homem, e não o homem para o sábado.*

Por isso, o Filho do homem tem poder até sobre o sábado'" (Mc 2,27-28). Imagine a reação de raiva, fúria e estarrecimento diante de tal afirmação ousada. Uma lei de centenas de anos, aprovada por todos os grandes profetas e sábios judeus que os antecederam, sendo questionada por um mestre galileu, até então desconhecido de todos! Para sentirmos o impacto na realidade de hoje, teríamos de prever alguém questionando nossas certezas mais profundas, o que soaria como um insulto grandioso, e assim poderíamos sentir mais ou menos o baque que o coração daqueles judeus piedosos absorveu com as palavras de Jesus.

Ele tem consciência de que suas palavras causam grande aflição e revolta no coração de muitos, ainda que outros tantos recebam com alegria sua mensagem cheia de novidade. No entanto continua demonstrando afoitamente, com exemplos, que a lei do sábado não deve ser endeusada, pois ela é uma ferramenta para ajudar os seres humanos a amarem mais a Deus e ao próximo (Mt 12,10-12; Mc 1,21-28; 3,2; 6,2; Lc 4,16; 6,2; 6,6-7; 13,14; Jo 5,10; 7,23; 9,14-16).

Jesus também desmascara com firmeza a hipocrisia religiosa, que permite a um grupo viver no luxo e na prosperidade, enquanto suga os sofridos e parcos frutos dos pobres. A vida na mordomia daqueles que vivem da pregação da Palavra de Deus sempre foi uma contradição na Igreja de Cristo. Ele mesmo avisou para que seus seguidores tomassem apenas o necessário para a evangelização e que confiassem na bondade dos ouvintes e na divina providência, afinal, se nem os lírios dos campos nem os pássaros do céu se preocupam com o amanhã, pois Deus tudo lhes dá, muito menos deveriam se turbar os corações daqueles filhos prediletos que se doam à missão. Que os saduceus, em todas as religiões, que se aproveitam da piedade e da bondade religiosa do povo, possam ser desmascarados o quanto antes!

3. Não há acordos com déspotas

Seja diante de Pilatos ou do Sumo Sacerdote, Jesus não titubeia. Aqueles que pisam a inocência das pessoas, subjugando-as e escravizando-as, não encontram nenhum espaço para negociações com o Mestre. Não faz concessões, não aceita alianças, não se vende por preço nenhum. Distintamente dos próprios discípulos que escolheu e preparou, ele permanece fiel à aliança de amor com a humanidade até as últimas consequências.

Temos muito que aprender com as atitudes coerentes de Jesus diante das autoridades terrenas. Geralmente, somos tentados a bajular os poderosos, sempre aspirando a algum possível prêmio de consolação. Trememos as pernas diante de grandes figuras: presidentes, juízes, bispos, médicos, governadores, políticos, celebridades. E, por pusilanimidade, vendemos nossa alma às primeiras propostas sedutoras que nos fazem. Pilatos tenta entender Jesus, mas também se esforça para dissuadi-lo de continuar com aqueles pensamentos perigosos que estavam colocando sua própria vida em risco. *"Tu és o rei dos judeus?"* (Jo 18,33b). O procônsul romano confia em suas técnicas persuasivas, mas percebe que não consegue derrubar a seus pés aquele jovem de dura cerviz. E diante da insistência de Pilatos, Jesus responde: *"Tu o dizes, eu sou rei. Para isto nasci e para isto vim ao mundo: para dar testemunho da verdade. Todo aquele que é da verdade ouve minha voz"* (Jo 18,37b). Não volta atrás; não tem medo da autoridade a sua frente; não trai seus valores, mesmo diante da pavorosa possibilidade da morte.

Assim também ele se portou diante do Sumo Sacerdote Caifás: *"És tu o Cristo, o Filho do Deus Bendito?"* (Mc 14,61b). Jesus responde com lucidez: *"Eu sou. E vereis o Filho do homem sentado à direita do Poderoso e vindo com as nuvens do céu"* (Mc 14,62). O clérigo rasga as vestes, em um movimento dramático para demonstrar a gravidade da blasfêmia que escuta, e os demais desconhecidos presentes começam a cuspir, bater e humilhar aquele homem julgado injustamente na calada da noite (cf. Mc 14,63-65). Para Jesus não há acordos com déspotas.

Ainda hoje há muitos Pilatos no seio da Igreja e em volta de seus muros, rondando para encontrar alguém desavisado para ser devorado. Há muitos outros Caifás, que são os donos da verdade absoluta e rasgam suas vestes, indignados, quando ouvem ideias contrárias a suas próprias. Há Pilatos jogando sujeira debaixo do tapete para poder promover os amigos e demover os adversários, tanto nas áreas laicas quanto nos âmbitos religiosos. Os Caifás jamais deixaram a História de nossa Igreja, pois permeiam todos os séculos com sua presença arrogante. Na Reforma Protestante, Martinho Lutero quis democratizar o acesso às Sagradas Escrituras, visto somente uma pequena parcela de monges e clérigos católicos serem os detentores de tal bem da humanidade. Ele conseguiu incutir essa ideia nas mentes de seus contemporâneos e teve sucesso na tradução da Bíblia para a língua vernácula, o alemão. Muitos seguiram seus exemplos. No entanto, com o tempo, novamente se colocou uma cerca elétrica em volta das Sagradas Escrituras, e, em certo ponto da História, chegou-se a pensar que somente doutores alemães protestantes possuíam a autoridade da perfeita compreensão bíblica, enquanto os demais eram considerados de parca inteligência para entender tais textos obscuros.

Há uma crítica ácida de Erasmo de Rotterdam aos teólogos arrogantes, já em sua época, que diz o seguinte: *"Talvez fosse melhor não falar dos teólogos, tão delicada é essa matéria e tão grande é o perigo de tocar em semelhante corda. Esses intérpretes das coisas divinas estão sempre prontos a acender-se como a pólvora, têm um olhar terrivelmente severo e, numa palavra, são inimigos muito perigosos. Se acaso incorreis na sua indignação, lançam-se contra vós como ursos furibundos, mordem-vos e não vos largam senão depois de vos terem obrigado a fazer a vossa palinódia com uma série infinita de conclusões; mas, se recusais retratar-vos, condenam-vos como hereges"* (Erasmo de Rotterdam, Elogio da loucura, p. 77).

Hoje, mais uma vez, os textos estão sendo sequestrados por acadêmicos jactantes (modernos Caifás) que pensam ser os únicos capazes de fazer uma exegese válida das Sagradas Escrituras. Você tem um título de doutor? Você é mestre? Tem referências universitárias? Se as respostas forem "sim", permitem sua participação no clube seleto dos entendidos. Essa cultura pode ser muito prejudicial à dinâmica do Espírito Santo, que nos dá ferramentas para entendermos o que Jesus nos quer realmente dizer. O risco de interpretação livre dos Textos Sagrados também é real, e isso não negamos, mas que não exista monopólio no bem que pertence a todos. Que os Caifás, que querem sempre avaliar na calada da noite qualquer pessoa que fale de Deus, possam descer dos pódios e se aproximarem novamente da realidade encarnada da Palavra de Deus. Sem Pilatos para conspurcar a pureza do Reino sonhado por Jesus e sem Caifás para aprisionar o Verbo Encarnado dentro de caixinhas indecifráveis, esse é o pedido último do Cristo. *"Meu reino não é deste mundo. Se meu reino fosse deste mundo, meus súditos teriam lutado para que eu não fosse entregue aos judeus. Mas meu reino não é daqui"* (Jo 18,36).

JESUS SOFRE

XII

"Ninguém tenha medo de sofrer por causa da justiça ou duvide da recompensa prometida, porque é pelo trabalho que se chega ao repouso e pela morte, à vida. O Senhor assumiu toda a fraqueza de nossa pobre condição e, se permanecermos em seu amor e na proclamação de seu nome, venceremos o que ele venceu e receberemos o que prometeu"

(Papa São Leão Magno, Sermo 51, p. 132).

1. Os docetistas persistem

Já no final do mesmo século em que Jesus viveu, começou a tomar corpo a ideia gnóstica de que ele não teria corporeidade, especialmente nas comunidades da Ásia Menor. Os chamados Gnósticos desprezavam a carne e enalteciam o espírito, por isso mesmo era inconcebível aventar a suposição de que o Verbo Divino poderia ter habitado em algo tão degradante. A matéria é má em si e desnecessária para a salvação, então, como poderia Deus perfeitíssimo e imutável ter assumido qualquer pedacinho de tão frágil substância? Se é sabido que o espírito aspira a se libertar do corpo, como Deus quereria se encarnar? Esses eram os questionamentos retóricos dos adeptos dessa corrente de pensamento, que julgavam possuir um conhecimento superior a todos os demais cristãos, olhando com desdém, em geral, para a fé dos demais correligionários.

Algumas alas dessa seita começaram a ensinar que o corpo de Jesus aqui na terra foi aparente, uma espécie de realidade fantasmagórica. Do grego, os termos *dokéin* (δοκεῖν), que significa parecer, e *dókesis* (δόκησις), aparência, trouxeram para o vocabulário cristão a palavra docetismo, nome cunhado pelos escritores da ortodoxia para se referir a essa nova corrente herética que surgia. Para eles, portanto, o nascimento de Jesus de uma Virgem real teria sido somente aparência; ele não poderia ter assumido de verdade a carne dos descendentes de Adão, senão tomando para si aspectos de uma encarnação teatral.

O Apóstolo Paulo, assim como diversos escritos da Igreja das origens, é explícito na insistência da verdadeira encarnação do Verbo. Não há representação ou teatralização. A encarnação é verdadeira, nua e crua. *"Tende em vós os mesmos sentimentos de Cristo Jesus: apesar de sua condição divina, ele não reivindicou seu direito de ser tratado igual a Deus. Ao contrário, aniquilou-se a si mesmo e assumiu a condição de servo, tornando-se semelhante aos homens. Por seu aspecto, reconhecido como homem, humilhou-se, fazendo-se obediente até a morte, e morte de cruz"* (Fl 2,5-8). Não há espaço para o fazer de conta aqui. Não procede a afirmação de que ele nasceu apenas um homem e que recebeu a divindade em seu batismo, como queriam alguns adocionistas. O Verbo Divino não abandonou o homem Jesus para morrer na cruz, como também ensinavam os membros dessa vertente. Ele é Deus e homem. Portanto, quem nasce da Virgem é Deus e homem, e quem morre na cruz é Deus e homem.

Os docetistas ainda estão em nosso meio, pois continuam a desprezar a carne e a considerá-la como algo abominável. Movimentos modernos tentam trazer de volta esse ataque contra a encarnação verdadeira, espalhando para os quatro ventos essa ideia de um Jesus mágico, dos contos de fadas ou das revistas em quadrinho, desencarnado totalmente da realidade humana. Isso quando não ressuscitam uma outra faceta perigosa de heresias antigas, o monofisismo. Esse conjunto de ideias pregava que Jesus teria nascido da Virgem Maria, mas sua natureza era somente divina. Ele era apenas Deus, por isso viveu impassível a todos os sofrimentos no corpo e na alma, pois não poderia ter experimentado o que é próprio da natureza humana.

Os monofisistas estão circulando livremente no seio da Igreja, anunciando um Jesus todo-poderoso, longínquo dos sofrimentos humanos e totalmente desconectado com a realidade de seus seguidores. Esse modelo pretendido e falsificado jamais seria capaz de nos inspirar a potencializar nossa humanidade para atingir sua meta: transformar-se, em Jesus, e participar de sua divindade. A Igreja sempre ensinou que o Verbo encarnado, que experimentou todas as nossas dores, é o paradigma para nossa humanidade. Por isso mesmo, os primeiros cristãos combateram ferrenhamente essas doutrinas daninhas que seriamente ameaçaram o fundamento de nossa fé: a Encarnação.

No Novo Testamento, encontramos textos decisivos para entendermos esse debate. Assim diz a Primeira Carta de João: *"Nisto podeis reconhecer o espírito de*

Deus: é de Deus todo espírito que acredita que Jesus Cristo veio como homem; e todo espírito que não professa a fé em Jesus não é de Deus; é o espírito do Anticristo que, como ouvistes dizer, está para vir, aliás, agora já está no mundo" (1Jo 2-3). O Anticristo já estava no mundo, tentando destruir o Ungido encarnado. E o escritor continua em sua segunda carta: *"Porque andam pelo mundo muitos impostores, que não acreditam que Jesus Cristo se encarnou: aí está o sedutor, o Anticristo. Cuidai de vós mesmos, para não perderdes o fruto de vosso trabalho, mas recebais, ao contrário, uma plena recompensa"* (2Jo 7-8).

Vemos a certeza da verdadeira Encarnação sendo explicitamente descrita em um texto cristão, muito estimado pelos Padres da Igreja, do final do I século ou no início do II: *"E ele, a fim de destruir a morte e mostrar a ressurreição dos mortos, teve de se encarnar e sofrer, a fim de cumprir a promessa feita aos pais e preparar para si o povo novo e demonstrar, durante sua estada na terra, que era ele mesmo que julgaria, depois de ter realizado a ressurreição... Com efeito, se não se tivesse encarnado, como os homens poderiam ter sido salvos ao vê-lo, uma vez que eles não podem levantar os olhos para olhar de frente os raios do sol, que todavia um dia deixará de existir e que é tão-somente obra de suas mãos?"* (Carta de Barnabé, Capítulo 5, 6-7.10, p. 292).

São Policarpo, Bispo de Esmirna e discípulo do Apóstolo João, escreve taxativamente à comunidade de Éfeso, no século II: *"Quem não confessa que Jesus Cristo veio na carne, é anticristo; aquele que não confessa o testemunho da cruz é do diabo; aquele que distorce as palavras do Senhor, segundo seus próprios desejos, e diz que não há ressurreição, nem julgamento, esse é primogênito de satanás"* (Policarpo de Esmirna, Segunda Carta aos Filipenses, Capítulo 7, 1, p. 143).

2. Sofrimentos na alma e no corpo

Que Jesus deu sua vida por amor a toda a humanidade, nisso cremos. No entanto precisamos fazer o exercício de reflexão para entender melhor o quanto isso lhe custou. Quando ganhamos uma dádiva sem esforço nenhum, não tendemos a valorizá-la. Os pais ricos sentem muito isso na pele. Dão viagens aos filhos para a Disney, carrões novos e caros, aparelhos digitais de última geração etc. No entanto, não raras vezes, recebem ingratidão, reclamações e aviltamentos como recompensa, pois a prole é, quase sempre, ignorante dos sofrimentos e dos esforços monumentais de seus progenitores. Se conhecessem com mais afinco os suplícios pelos quais os pais passam, os filhos dariam mais valor aos presentes recebidos.

Assim é conosco com relação ao que recebemos de Jesus. Estamos tão acostumados com os textos bíblicos que nossa fé corre o risco de se tornar mecânica e arrefecida. O sofrimento do Servo foi real; não há nada de histórias de super-heróis que não sofrem, que não fraquejam, que não morrem. Ele experiencia primeiramente o pavor que lhe invade a alma. Com certeza, aquele mesmo tentador, que o tentou no deserto, investia contra sua paz interior no momento da agonia no Jardim das Oliveiras. Mateus nos oferece uma descrição vívida do desconsolo daquele coração: *"Levou consigo Pedro e os dois filhos de Zebedeu. Começou a sentir tristeza e angústia. Disse-lhes então: Minha alma está numa tristeza mortal. Ficai aqui em vigília comigo"* (Mt 26,37-38). Marcos resume: *"Tomou consigo Pedro, Tiago e João e começou a sentir medo e angústia"* (Mc 14,32-33). Tristeza ou dor na alma *lypeisthai* (λυπεῖσθαι) e angústia ou conturbação profunda *ademonein* (ἀδημονεῖν) são palavras que caracterizam o estado interno de Jesus naquele momento decisivo de sua vida. Seus seguidores, em quem mais confiava, vigiavam enquanto conversava com o Pai, e ele expressou claramente as condições do que sentia: Περίλυπός ἐστιν ἡ ψυχή μου ἕως θανάτου. Uma angústia tão poderosa na alma que seria capaz de levar um ser humano a cometer o suicídio. E a dor aumentava ainda mais conforme o tempo ia passando e sentia que os soldados se aproximavam, ao mesmo tempo em que via seus grandes amigos, esteio e conforto de sua jornada, apagados em um torpor que os fazia ignorantes da realidade macabra que o esperava adiante.

Ao ser preso, maltratado, julgado injustamente, levado à presença de poderosos e sentindo na carne as dores dos cravos que lhe atravessavam os ossos, Jesus viveu uma aflição que jamais poderíamos imaginar, e tudo isso sem nada dever. Por que tanto sofrimento? Santo Afonso de Ligório, Doutor da Igreja, em sua piedade e grandiosa espiritualidade, dá-nos uma belíssima explicação: *"O Verbo desceu à terra para nos ensinar, com seu exemplo, a carregar com paciência as cruzes que Deus nos manda: 'Cristo sofreu por vós, deixando-vos um exemplo, a fim de que sigais seus passos'. Jesus Cristo quis sofrer para nos encorajar no sofrimento. Qual foi a vida de Jesus Cristo? Foi uma vida de humilhações e sofrimentos: 'Desprezado, último dos homens, homem das dores!' Sim, a vida de Jesus Cristo foi toda cheia de trabalhos e dores"* (Afonso de Ligório, Obras Espirituais Selecionadas, Capítulo V, p. 777). Aquele que morreu na cruz por amor foi pioneiro nas estradas incertas pelas quais o ser humano teria de passar. Ele foi à frente e abriu caminho para que não tenhamos medo de carregar nossa própria cruz diária. Esse homem de fé, de coragem, que enfrentou todos os medos e todas as dores, deixou-nos esse exemplo magnífico de autodoação.

São Tomás de Aquino descreve magistralmente o sofrimento de Jesus nos últimos momentos de sua vida terrena, por isso segue abaixo uma tradução integral desse preciosíssimo texto: *"Na segunda parte, veremos sobre quanto sofrimento um homem consegue suportar. Afinal, o Cristo sofreu porque os amigos o abandonaram; em sua reputação, pelas blasfêmias que lhe infligiram; em sua honra e glória, pelas zombarias e insultos lançados sobre ele; em seus pertences, porque foi despojado de suas vestes; em sua alma, pela tristeza, preocupação e pelo medo; em seu corpo, pelas feridas e flagelações. Na terceira parte, vamos considerar o sofrimento em seus membros físicos. Em sua cabeça, sofreu com as perfurações da coroa de espinho; em suas mãos e pés, pelos pregos que lhes atravessavam; em seu rosto, pelos golpes e cusparadas; e pelas lacerações em seu corpo inteiro. Ainda mais, ele sofreu em todos os seus cinco sentidos: em seu tato, por ter sido flagelado e pregado; em seu paladar, por terem lhe dado vinagre e fel para beber; em seu olfato, por ter sido amarrado ao madeiro em um lugar de odor pestilento dos corpos em putrefação, 'chamado Calvário' (lugar da caveira); em sua audição, por ter sido atormentado pelos gritos dos blasfemos e zombadores; em sua visão, ao contemplar as lágrimas de sua Mãe e do discípulo a quem ele amava"* (Suma Teológica, Parte III, Questão 46, Artigo 5, newadvent.org).

A certeza de que o Verbo Divino sofreu verdadeiramente e nos ensinou a enfrentar nossas próprias provações é o combustível que não nos deixa desanimar na caminhada de seguimento, na qual pululam as aflições e os medos. Afirmava Inácio de Antioquia, o Santo Bispo e Mártir, que não se acovardou diante das provocações teológicas que essas correntes docetistas suscitaram: *"Ele foi realmente pregado por nós em sua carne, sob Pôncio Pilatos e o tetrarca Herodes. É graças a esse fruto, a sua divina e feliz paixão que nós existimos, a fim de erguer para sempre um estandarte pela ressurreição para seus santos e fiéis, tanto judeus como pagãos, no corpo único de sua Igreja. Ele sofreu tudo isso por nós, para que sejamos salvos. E ele sofreu realmente, assim como ressuscitou verdadeiramente. Não sofreu apenas na aparência, como dizem alguns incrédulos. São eles que existem apenas na aparência. Assim como pensam, para eles acontecerá serem sem corpos e semelhantes a espíritos"* (Carta aos Esmirniotas, 1-2, p. 115-116).

3. Sofrimentos deste mundo

Nossa missão de cristãos no mundo é ser fermento, que faz a massa crescer, mas que não fica em destaque por esse trabalho. Somos impelidos a tomar nossa cruz ao seguir Jesus: *"Se alguém quiser me seguir, renuncie a si mesmo, carregue sua cruz diária e me acompanhe"* (Lc 9,23). Os sofrimentos são intrínsecos à natureza humana, não há como excluí-los de nossa vida. A teologia da cruz sempre nos deu incentivos para atravessarmos os vales de lágrimas que se apresentam em nossa caminhada. A reflexão da Igreja foi sempre muito assertiva em dar ferramentas para entendermos e lidarmos melhor com o sofrimento, ainda de que seus líderes tenham cometido lapsos em alguns momentos da história.

As citações da Primeira Carta de Pedro precisam ser colocadas no contexto, para evitar justificativas espúrias àqueles que escravizam, exploram e esmagam a liberdade de seus irmãos. Havia um entendimento, no início do Cristianismo, de que Jesus iria voltar muito em breve e todas as realidades sociais não tinham mais importância. Percebemos que alguns escritos refletem esse sentimento de proximidade da segunda vinda de Jesus *parusía* (παρουσία), quando aconteceria o arrebatamento da Igreja *harpázo* (ἁρπάζω) ou o *raptur*, em latim. Por isso não se insistia na mudança de estruturas sociais daquela realidade: *"Criados, sede submissos a vossos patrões, com profundo respeito, não só aos bons e indulgentes, mas também aos severos. Pois é um dom suportar, por amor a Deus, as penas, sofrendo injustamente. De fato, que merecimento teríeis, suportando o castigo depois de ter pecado? Mas, se fazeis o bem e sabeis sofrer com paciência, isto é agradável aos olhos de Deus"* (1Pd 18-20).

O sofrimento era entendido como uma espera digna dessa chegada de Cristo, imitando seus passos de sacrifício em sua Paixão e Morte de cruz. *"Com efeito, é para isto que fostes chamados, pois também Cristo padeceu por vós, deixando-vos o exemplo, para que sigais seus passos. Ele jamais cometeu pecado e em sua boca não se achou engano. Insultado, não devolvia o insulto. Quando era atormentado, não fazia ameaças, mas confiava sua causa àquele que julga com justiça. Sobre a cruz, ele carregou nossos pecados em seu corpo, a fim de morrermos para o pecado e vivermos para a justiça. Suas feridas nos curaram"* (1Pd 21-24).

E foi nessa linha de pensamento que muitos escritores cristãos seguiram, tentando oferecer algum alívio aos correligionários que padeciam os mais variados suplícios em todas as partes. Este longo e belo texto do Bispo São Gregório de Nazianzo fala poeticamente de como o cristão deve entregar suas dores e seus sofrimentos como oferenda agradável a Deus que não nos abandona na cruz: "... *Ofereçamos a Deus um sacrifício de louvor sobre o altar celeste, em união com os coros dos anjos... Imolemo-nos a Deus, ou melhor, ofereçamo-nos a ele cada dia, com todas as nossas ações. Façamos o que nos sugerem as palavras: imitemos com nossos sofrimentos a Paixão de Cristo, honremos com nosso sangue seu sangue, e subamos corajosamente a sua cruz. Se és Simão Cireneu, toma a cruz e segue a Cristo. Se, qual o ladrão, estás crucificado com Cristo, como homem íntegro, reconhece a Deus. Se por tua causa e por teu pecado ele foi tratado como malfeitor, torna-te justo por seu amor. Adora aquele que foi crucificado por tua causa. Preso a tua cruz, aprende a tirar proveito até de tua própria iniquidade. Adquire tua salvação com sua morte, entra com Jesus no paraíso e saberás que bens perdeste com tua queda. Contempla as belezas daquele lugar, e deixa que o ladrão rebelde fique dele excluído, morrendo em sua blasfêmia. Se és José de Arimateia, pede o corpo a quem o mandou crucificar; e assim será tua a vítima que expiou o pecado do mundo. Se és Nicodemos, aquele adorador noturno de Deus, unge-o com perfumes para sua sepultura. Se és Maria, ou a outra Maria, ou Salomé, ou Joana, derrama tuas lágrimas por ele. Levanta-te de manhã cedo, procura ser o primeiro a ver a pedra do túmulo afastada, e a encontrar talvez os anjos, ou melhor ainda, o próprio Jesus*" (Gregório de Nazianzo, Oratio 45, p. 353).

E a maior parte dos escritores cristãos, de forma especial os santos, refletiu sobre o sofrimento na vida dos seguidores de Cristo. Se Jesus não tivesse sofrido de verdade, tomado nossas dores reais, não seria exemplo para os que padecem as aflições concretas do cotidiano. Ele também nos ensina a consolar o angustiado e o padecente, pois assim ele fez, do alto da cruz, com sua Mãe, com o discípulo amado, com o ladrão, com toda a humanidade. Aprendamos a aceitar nossas dores como ferramentas para o amadurecimento espiritual, visando sempre atingir a capacidade máxima que Deus sonhou para nossa natureza humana.

Que sociedade é aquela que finge não enxergar as dores reais do próximo? É aquela apática e indiferente com tudo e todos. Formada por pessoas gélidas que pensam somente em seus prazeres diários. Seres humanos atrofiados pelo próprio egoísmo e pela busca incessante da realização de suas volúpias. Uma humanidade sem o Cristo sofredor é superficial e autodestrutiva. Enquanto continuarmos fingindo não ver os crucificados de nossa sociedade, nossa vida prosseguirá sendo apenas um cenário de filme de romance, um invólucro vazio e sem sentido.

Outro grandioso pecado que estamos susceptíveis a cometer é o de repetir os gestos dos zombadores ao pé da cruz. Que abjeta é essa atitude! E muitos continuam a rir daqueles que sofrem com as tragédias; que se afogam no desespero; ou que se entregam aos extremos desvalores deste mundo. Rir do pobre e do sofredor é emprestar seus lábios para o diabo, que se alegra ao ver a miséria humana. Inspiremo-nos em Jesus, verdadeiro homem, revestido de nossa natureza, que nos deixou esse legado de fortaleza diante das intempéries desta vida. Os sofrimentos virão, mas estaremos unidos para amenizá-los, como verdadeiros seguidores do homem de Nazaré, verdadeiro homem, verdadeiro Deus.

CONCLUSÃO

Chegamos ao fim desta nossa reflexão sobre a humanidade de Jesus que nos inspira a potencializar nossa própria natureza humana. Muitas falhas e incompletudes podem ser encontradas nos textos. Mesmo os erros são frutos de tentativas genuínas de vislumbrar a verdade. As lacunas são inevitáveis, pois ninguém pôde, pode ou poderá esgotar tão rico tema de nossa fé cristã.

Voltar às fontes traz sempre um frescor a nosso entendimento sobre o credo que professamos. Os Padres da Igreja e os grandes escritores cristãos têm muito a contribuir com a reflexão teológica da atualidade. Seus textos e suas obras são como um lindíssimo baú que guarda incontáveis tesouros, que vão se revelando cada vez que o abrimos. São Clemente Romano, Santo Inácio de Antioquia, Santo Irineu de Lyon, Orígenes, Tertuliano, São Cipriano de Cartago, São Gregório de Nazianzo, São Basílio Magno, Santo Agostinho, São João Crisóstomo e tantos outros grandes escritores dos primeiros séculos são como irmãos mais velhos que leem e releem conosco as verdades de fé diariamente. Erramos e acertamos juntos, pois somos todos constituídos da natureza humana, tão bela mesmo em suas limitações.

O Verbo de Deus assumiu essa natureza, que é limitada e extraordinária ao mesmo tempo. Fez isso para que pudéssemos conhecer o quanto somos amados pelo Pai, que nos criou. Trilhou o caminho árduo de como ser humano para nos presentear com seus ensinamentos. Apresentou-se como um pai ou uma mãe, um irmão mais velho ou um amigo, que se dirigiu à frente em alguma estrada perigosa para que nós, que seguimos logo atrás, pudéssemos percorrer esse caminho com mais segurança.

Entendendo melhor a humanidade de Jesus, seremos capazes de transformar nosso coração e esmerilhar alguns pensamentos que estão foscos na atualidade de nossa Igreja. A aversão pela carne e a exaltação obcecada do sobrenatural fazem-nos mais próximos do filósofo grego Platão do que de Jesus Cristo.

Buscar o equilíbrio entre uma vida digna e feliz com nosso corpo, fortalecendo diariamente nossa alma, esse é o maior ensinamento da humanidade de Jesus. Os grandes e quase inexpugnáveis problemas sociais que enfrentamos hoje surgem do desequilíbrio entre corpo e alma. Os hedonistas, que buscam somente o prazer, a todo custo, e ignoram o sofrimento de todas as outras pessoas, vivem pela carne e estão presos aos reinos do mundo. Daí surgem os pecados da corrupção, da escravidão, da busca desenfreada dos acúmulos obscenos, do prazer e do poder. Por outro lado, os projetos de anjos desencarnados, que fanaticamente vivem em um mundo incorpóreo, não conseguem entender a profundidade da vida humana. Daí surgem os pecados da indiferença ao sofrimento do próximo, da falta de misericórdia com os que erram, da frieza e do distanciamento da realidade das pessoas no dia a dia.

Jesus foi capaz de chorar nos momentos propícios para o choro. Ele riu e se divertiu com os amigos e com os considerados execráveis. Também não deixou de se indignar com as injustiças e a indiferença de seus conterrâneos. A frieza e a maldade daqueles que estavam "desencarnados" da realidade dos sofredores deixaram-no estupefato. Foi atento aos clamores dos que se desesperavam e dos que não tinham perspectivas para o futuro. Ensinou o perdão e a misericórdia como o fulcro de seu Novo Reino. E essa atitude só poderia vir de uma alma repleta de espiritualidade. Orou constantemente e nos ensinou a rezar, pois era consciente de que a oração dá forças e abre as portas do céu.

Jesus trouxe do Pai um projeto de Reino onde houvesse lugar para todos os filhos que lhe foram confiados. Sonhou esperançosamente com essa nova assembleia de santos e não permitiu que nada atrapalhasse a concretização de tal plano divino. Por isso mesmo, usou de todas as ferramentas para esclarecer seus seguidores a respeito das ciladas do "divisor". Ameaçou duramente todos os que o seguiam, e os vindouros, porque tinha medo de perdê-los. Quem ama é capaz de repreender para que o amado não se desvie. O Reino de Amor é o fim dos que permanecerem firmes na caminhada; a Geena é a parada final dos que escolherem se distanciar dos valores desse sonho de Jesus.

As tentações chegaram a seu coração, as quais venceu com muita oração, penitência e convicção. O diabo continuou apresentando propostas escusas, ainda que parecessem apetecíveis. Suas renúncias foram constantes em todos os passos de sua caminhada. Rejeitou a autoridade dos déspotas que usavam o poder para esmagar e escravizar os seres humanos. Não há lugar para esses nesse

Novo Reino, projeto do Coração do Pai. *"Os reis das nações as dominam, e os que exercem autoridade sobre elas fazem-se chamar benfeitores. Mas entre vós não deve ser assim; ao contrário, o maior entre vós se torne como o menor, e aquele que comanda, como aquele que serve"* (Lc 22,25-26).

Por fim, levou seu sonho até as últimas consequências. Inaugurou o Reino de Deus para que participássemos de sua divindade e vivêssemos em plenitude a vida para a qual o Criador nos chamou. Sofreu as dores mais inaudíveis para nos ensinar que os sonhos altruístas devem ser defendidos, não importa o preço. Sua morte nos deu vida, e vida em abundância. Os crucificados sempre encontrarão conforto e alívio nos braços daquele que se deitou na cruz por todos nós, simplesmente porque amava demais. *"Eu porém não quero saber de gloriar-me, a não ser da cruz de nosso Senhor Jesus Cristo, pela qual o mundo está crucificado para mim e eu para o mundo"* (Gl 6,14).

Sim, o mundo está crucificado para nós, mas que saibamos transformá-lo, pois o consolo e o conforto a quem sofre na cruz só podem vir sempre de corações que entendam e experimentem a dor dos que lá se encontram; dos cidadãos do Reino de Deus. Valorizemos nossa vida, valorizemos a vida do outro! Sejamos humanos como o mais perfeito dos humanos: Jesus Cristo!

BIBLIOGRAFIA

AMASEIA, Santo Astério de. *Homilia 13*. Liturgia das Horas, vol. 2. São Paulo: Paulus, 2000.

ANTIOQUIA, Inácio de. Carta aos Esmirniotas: Coleção Patrística, São Paulo: Paulus, 2000.

BÍBLIA DE APARECIDA, Aparecida-SP: Editora Santuário, 2006.

CARTA DE BARNABÉ. Coleção Patrística: Padres Apostólicos, vol. 1. São Paulo: Paulus, 2020.

CESAREIA, Eusebio de. Coleção Patrística, *História Eclesiástica*, vol. 15. São Paulo: Paulus, 2020.

DENZINGER, Heinrich, Symbolum Chalcedonense, n. 301-302. Edizione Bilingue. Bologna: EDB, 1996.

ECO, Umberto. *Em Nome da Rosa.* Editora Nova Fronteira, Rio de Janeiro, 1983.

ESMIRNA, Policarpo. Coleção Patrística: Padres Apostólicos, vol. 1. São Paulo: Paulus, 2020.

JOSEFO, Flávio. *História dos Hebreus:* Antiguidades Judaicas. Rio de Janeiro, Casa Publicadora das Assembleias de Deus, 8a ed. 2004.

LIGÓRIO, Afonso de. *Obras Espirituais Selecionadas:* A Prática do Amor a Jesus Cristo. Aparecida, Santuário, 2022.

NAZIANZO, Gregório. *Oratio 45*. Liturgia das Horas, vol. 2. São Paulo: Paulus, 2000.

PAPA FRANCISCO, *Evangelii Gaudium*. Paulus e Loyola, São Paulo, 2013.

PAPA SÃO LEÃO MAGNO, *Sermo 6:* Quadragesima, vol. 2. São Paulo: Paulus, 2000.

________, *Sermo 51*, vol. 2. São Paulo: Paulus, 2000.

________, *Sermo 15:* De passione Domini, vol. 2. São Paulo: Paulus, 2000.

ROTTERDAM, Erasmo de. *Elogio da loucura.* São Paulo: Martin Claret, 2005.

SANTO AGOSTINHO. *Coleção Patrística*: Dos comentários sobre os Salmos, Sl 85. São Paulo: Paulus, 1997.

________. *Coleção Patrística*: Dos comentários sobre os Salmos, Sl 60. São Paulo: Paulus, 1997.

________. Comentário sobre os Salmos, Sl 140. Liturgia das Horas, vol. 2. São Paulo: Paulus, 2000.

SAINT BENEDICT. Penguin Classics: *The Rule of Benedict*. UK Ed. Edition: London, 2016.

VOLTAIRE, François-Marie Arouet de. *Cartas Inglesas*. 2 ed. São Paulo: Abril Cultural, 1978.

Internet

PAPA FRANCISCO, *Encontro com os cardeais e colaboradores da Cúria Romana para a troca de bons votos de Natal.* Acessado no dia 07 de abril de 2022, às 15h30.

https://www.vatican.va/content/francesco/pt/speeches/2014/december/documents/papa-francesco_20141222_curia-romana.html

PAPA FRANCISCO, *Misericordiae Vultus.* Acessado no dia 11 de abril de 2022, às 11h30.

https://www.vatican.va/content/francesco/pt/apost_letters/documents/papa-francesco_bolla_20150411_misericordiae-vultus.html

PAPA FRANCISCO, *Amoris Laetitia*: Acessado no dia 11 de abril de 2022, às 16h.

https://www.vatican.va/content/francesco/pt/apost_exhortations/documents/papa-francesco_esortazione-ap_20160319_amoris-laetitia.html

PAPA PAULO VI, Constituição Pastoral Gaudium Et Spes. Acessado no dia 12 de abril de 2022, às 8h40.

https://www.vatican.va/archive/hist_councils/ii_vatican_council/documents/vat-ii_const_19651207_gaudium-et-spes_po.html

São Jerônimo, *De Viris Illustribus*. Acessado no dia 07 de abril de 2022, às 16h.

https://www.newadvent.org/fathers/2708.htm

São João Crisóstomo. *Homilia sobre o Evangelho de Mateus*. Acessado no dia 12 de abril de 2022, às 9h30.

https://www.newadvent.org/fathers/200113.htm

Santa Terezinha de Jesus. História de uma alma. Acessado em 03 de julho de 2022, às 10h30. https://blog.cancaonova.com/amigosdoceu/files/2012/09/Hist%C3%B3ria-de-uma-Alma-auto-biografia-de-santa-teresinha-do-menino-Jesus.pdf
São Tomás de Aquino. *Summa Theologica*. Acessado no dia 12 de abril de 2022, às 17h30.
https://www.newadvent.org/summa/4046.htm#article5

ÍNDICE

Este livro foi composto com as famílias tipográficas Adobe Garamond Pro e Bumgee
e impresso em papel Offset 63g/m² pela **Gráfica Santuário.**